心一堂術數古籍珍本叢刊

書名：秘鈔本鐵板神數（三才八卦本）（三）
系列：心一堂術數古籍珍本叢刊　星命類　神數系列　第三輯　297
作者：舊題【宋】邵雍
主編、責任編輯：陳劍聰
心一堂術數古籍珍本叢刊編校小組：陳劍聰　素聞　鄒偉才　虛白盧主　丁鑫華

出版：心一堂有限公司
通訊地址：香港九龍旺角彌敦道六一〇號荷李活商業中心十八樓〇五—〇六室
深港讀者服務中心：中國深圳市羅湖區立新路六號羅湖商業大廈負一層〇〇八室
電話號碼：(852)9027-7110
網址：publish.sunyata.cc
電郵：sunyatabook@gmail.com
網店：http://book.sunyata.cc
淘寶店地址：https://sunyata.taobao.com
微店地址：https://weidian.com/s/1212826297
臉書：https://www.facebook.com/sunyatabook
讀者論壇：http://bbs.sunyata.cc/

版次：二零二一年五月初版
平裝：四冊不分售

定價：港幣　八百八十元正
　　　新台幣　三仟八百八十元正

國際書號：ISBN 978-988-8583-87-4

香港發行：香港聯合書刊物流有限公司
地址：香港新界荃灣德士古道二二〇—二四八號荃灣工業中心十六樓
電話號碼：(852)2150-2100
傳真號碼：(852)2407-3062
電郵：info@suplogistics.com.hk
網址：http://www.suplogistics.com.hk

台灣發行：秀威資訊科技股份有限公司
地址：台灣台北市內湖區瑞光路七十六巷六十五號一樓
電話號碼：+886-2-2796-3638
傳真號碼：+886-2-2796-1377
網絡書店：www.bodbooks.com.tw
台灣秀威書店讀者服務中心：
地址：台灣台北市中山區松江路二〇九號一樓
電話號碼：+886-2-2518-0207
傳真號碼：+886-2-2518-0778
網絡書店：http://www.govbooks.com.tw

中國大陸發行　零售：深圳心一堂文化傳播有限公司
深圳地址：深圳市羅湖區立新路六號羅湖商業大廈負一層〇〇八室
電話號碼：(86)0755-82224934

心一堂微店二維碼

心一堂淘寶店二維碼

艮數

五千零

數	註	條文	斷語
一		父母全乙未	前定
二	午三 卯三	到此数已極	閻君来請陽间客
三		父属龍母属鼠	数定先天
四	五九 辛九	水中亂現	錢財耗散
五			
六	十九 廿九	園林雨後天	蓍莒再[illegible]因緣定 於
七	十 ス口	水中明月	上下情间别[illegible]
八		長子属鼠	誰定[illegible]
九	六十 八又	大旱草焦	勐然雨[illegible]

一	二	三	四	五	六	七	八	九
	卅四九		四十八	辛九				廿八
甲午之年	無思無慮度流年		晚來風持	紅灯引路	父命已巳生		玉人有刑	綠水陰濃
名當高	運湊之		不用推移	晴裡添明	前定		再結癸酉生	堪消暑熱

二十

一 二 三 四 五 六 七 八 九

時序更迭 景物會當全盛

周道委遲 進可安居

花李及時新 風光淡蕩春

柳絮漫空 上下樓台三月雪

妻鳳和睦 物饒依[illegible]

父命屬水 合數

三十

一 二 三 の 五 六 七 八 九

廿〤〥 飞雲掩日 無處覓

夫命庚辰生 前定

の十〤〥 碧天萬里靜無雲 月轉

黃金增十倍 早暮要

當有二母之称 數定

命帰泉 不必查

廿卌九 小人結党有陰謀 破耗相尋可用憂

卆〤〥 禘堂夜戚 日色晴明

十の三 日出扶桑甫遅形 行人放胆可無驚

罒十

一 二 三 の 五 六 七 八 九

卅〤〥 卅の三 〥の三 卅〤

五子屬牛 前定
名利兩淂 東風消息
夫大三年 前定
其年合有災 雖是無傷也破財
妻命庚申生 合數
父母全乙巳 註定
山外有青山 向利偏
到此數難留 夢魂西
月明如畫 無限妻

五十

一 二 三 の 五 大 七 八 九

卅ㄨ口 路欲窮时曲转通 無人之處

大子居兎 合数

卅九の十 関前盤结有頭虞 整頓囊橐

卅八〤 天意有安排 圖謀事事諧

父居猪 母居龍

の十のミ 我留無踪 破我蒼茫我緣

の十ミ二 東風為解凍 天意漸調和

夫命丁巳生 合数

の十ㄨ口 諸事駁雜 無意防失

六十

一 二 三 四 五 六 七 八 九

六千四三 牡丹開得錦粧成 富貴繁華日逐新

父属牛 母属龍

五千六二 欲到江干理釣絲 臨流三嘆費躊躇

一名三姓 本宗自能相認

母命辛未生 數中早定

四千四三 進退無定 幸而不幸

玉人有刑 再娶辛亥

七十

一　二　三　○　五　六　七　八　九

五十八七　大數已將終　暮门鴉[illegible]

七十八七　人事該当秋茇　光景已亡

卅二　洒濡春雨露　蘭玉倍精

廿ㄨ口　应当得子

廿卅九　月過西墻光又迎　窗前花影正徘徊

卅ㄨ口　春光已度柳條青　萬里江山氣象新

八十

一　二　三　の　五　六　七　八　九

卅乂口
宿酒初醒
神思清爽

の千八乂
五鬼現形
宜有憂中之耗

の千千九
救逢绝處
由來爭里總成空

卅の千九
皮在石边須有破
交関切莫相爭推

夫大四年
前定

管絃声裏樂盡風
爭事欢娛

十乂五
韶華已在陽春日
人物光華

九十

一　早时　欲前却後正眼難　風雨迷高
二　父属猪　母属蛇
三　早八　鵝鷺並啼三兩声　吉内藏凶
四　四十三　已往蹉跎　將来順利
五　卅时　喪服相干　流年之咎
六　四早时　清晓云迷疑雨来　霎时云散日光明
七
八　廿八早　一望長虹一日空　流年突晦定相攻
九　夫命丙辰生　註定

百零 一 二 三 の 五 六 七 八 九

の千の三　巨舟重載苦艱难　只待江心潮水来

良人有刑　再嫁戊寅生

の千乂口　掙過崎嶇路　江村三月天

毳毳盤重不堪当　是個妻凰窈窕娘

の千八乂　咀味橄欖　沒有清糸

廿三　白占田园雪色寒　泪痕洒胸墊

廿八乂　鳳鳥來朝儀　瑞叶貞祥

一百一十

一　五十八四　妻命巳未生　數定

二　十四三　無禍亦無灾　安居福自士

三　卅二　荒蕪草色　一陽初動自子十日

四　廿四三　门庭無日不賓客　花鳥禽魚曲檻風

五　幸机会之相逢　可以猛圖進取

六

七　卅九四十　妄憶直騎去釣魚　癈时失事悔之遲

八　父属蛇　母属馬

九　廿八乂　膽前顧後　靜过無咎

一百二十

一　廿〤〇　哭晦既消除　哭然駟馬車
二　分得宮花第、枝　長安道工馬声嘶
三　父命已申生　數定
四　卅、二　光明氣象　不比旧時
五　辛八七　大限阻關津　江山森、少人行
六　伴水波光躍鯉魚　流年入津
七　廿〤〇　夫妻全戊戌　前定
八　事未可料　因禍得福
九　五十、二

二百三十

一 二 三 の 五 六 七 八 九

丙申之年　名當高薦

六千八　朝朝歡樂暮謳歌　歌舞陽春

父屬虎　母屬兔

の千の三　財旺稱人心　貞祥福自迎

の十二　化日舒長　安居樂業

妻命戊午生　前生註定

一百四十 六千の三 園林開遍白梨花 白玉堂前開麗華

一 四子屬牛 証定

二 五六八 室內有芙蓉 吉利每相逢

三

の 徒弟七人 得以送老

五 廿二 年來無是非 業嘛亥冥秋正宜

六 務在謀生利可求 錙銖積厚唱致之

七

八 夫命庚戌生 証定

九 廿の三 入戶春風 送來暖氣

一百五十

一 七千九千九 歸隱歡娛萬事足 西堂遶唱

二 の千九千九 北堂一夜怯風霜 萱艸摧披

三の 上高樓而復下 恨有失足

三 妻命乙亥生 數定

の の千四 財聚已成家 從前福積餘

五 の千八七 牛背有金珠 春光遍艸萊

六 卅二 床前有鬼夜相欺 煩惱掩沉總不疑

七 一妻一妻又一妻 數次佳期四度宜

八 千二 強把眉頭帶笑顏 心中煩惱不須言

九 千の三 暖氣薰人 南樓息息有風生

一百六十

五千〤四　丧服相干　其年之晦

一
二
三　五千〤四　先符進宮有浮灾　底事纏綿意外来
の　五千八七　待得潮生凤又生　扁舟未可試江村
五　廿八七　衣錦內藏珠　年〻色自娛（如）
六　廿卌九　三月春光風雨多　桃紅柳綠兩蹉〻之
七　父當亡于戊巳年　方合此數
八　五千九　數当絕處　万事忌成
九　卅〇三　志負沖天羽未乾　还須謹守

二百七十

一 父屬鷄　母屬兔

二

三 の千の三　生氣有相從　浔之無不遂

の の千五千　路遇危橋處　逢舟可渡河

五 數有十二子　送老只三

六 の千八七　順逆堪圖　往來無忌

七 の千九千九　不須掩却鏡光明　出耀樓台家浔真

八

九 母命丁巳生　前定

一百八十

一 卅八 数当浮子

二 四十二 桃李近清明 荣華遍錦城

三 四十二 經年累月 憂喜無常

四 十二子属金 合数

五 四十九 為謝長征促曉粧 從今不必向行藏

六

七 夫妻合癸丑 前定姻緣

八 一品王侯 豈是尋常

九 卅八 際遇有乘喬 黄金到處

二百九十

一 二 三 の 五 六 七 八 九

一　壬申之年　名当高荐

二　重継双親〻不親　原来依旧祀

三　卅入日　明〻白〻　進当有益

五　卅八乂　吉曜相扶免禍灾　平安過日福將来

六　卅四千九　寒氣未除暖氣来　平分花柳正相催

七　有子出家　註定

九　妻命丁未生　註定

貳百零

一　二　三　の　五　六　七　八　九

卅九の十　明月正團圓　清光却好看
六十三　寒鴉棲木日沉西　回首江山事事非
の十八の十　相慶太平日　名苑酒一卮
七十の三　曲水流舟空費力　或时下而或时上
妻命丁巳生　前生巳定
鳥云两鬢擁金冠　誥命連翩富貴
五行家重是刑傷　四歲方遇出
少年虽受苦奔波　晚歲黃金積

二百一十

一　二　三　の　五　六　七　八　九

十八　早二　卅卒九　廿卅九

父命屬火　合數

畫長人靜草芊芊　景色融和花正妍

淂個推入引入山　登臨高處有躋攀

同林日暖百花系　蛺蝶翩翩過粉墻

里云飛散　紅日當天

乙酉之年　名當高薦

二百二十

卅三　霞間鮮花　信饒春色

一　卅〤三　寸腸今日得安靜　內外共心綽有餘

二　卅八乂　太陽西墜　明月東昇

三　宀大二　才過花甲春　又請往西方

四　夫命甲辰生　註定

五

六　五千八乂　妻入畫堂中　陽和色正濃

七　壬子之年　丹桂飛橫

八　五千千九　黃鳥穿梭織得愁　綠、緒、恨

九

二百三十

一	四千四百三	福駢臻而不知	財以積而有
二	一千八百七	得子之喜	
三	廿六千	好運初轉	人能造化
四	廿八七	庭前草色正萋萋	一夜風霜漸被欺
五			
六	四千六千	粟帛盈餘	有實無虛
七			
八			
九	五千九六千	歡心無限	得以整頓

二百四十

一　の千ス午　憂轉為喜　財散今朝又聚

二　の千八ㄨ　明明一坦途　迷而不悟費工夫

三　の千十二　路走羊腸　得個先人來主張

の　蹉跎不已　有貴人扶植

五　父為貌　母為胤

六　千十二　生氣得週全　行來勝往年

七　母命為馬　証定

八　廿ス午　有怀未可向人言　外頭吹喜內

九

二百五十

一 五十六四 有求必得 莫須消息

玉人有刑 再娶章已生

二 五十九 有事將成破又來 若顛若倒意徘徊

三

四 六十三 意欲週全事若虛 紅梅消瘦未開時

五 卅八 公私兩相利 欢咲福相連

六

七

八 十二 行人度過 十里長途指日回

九 二 天折可憐 參狼擡首向青天

二百六十

父居乾　　母居猴

一　の十八ㄨ　瑞氣隆隆滿画堂　十謀九遇運相当

二　卒十二　家门欢樂　妻夙出約

三　五千八百　陰不陰兮晴不晴　园林寂寂鳥無声

の　卅八ㄨ　月色映中庭　花木有青陰

五　数有二子　二子送老

六　の十二　道路正亨路更通　財業相湊又豐隆

七

八

九　卒の三　衣食豐盈　家室康寧

二百七十

一 二 三 四 五 六 七 八 九

四十一二　六十一二 六　四十八乂　千千九　二千卅九

父属土

財多耗散

一別高堂不復还

推車未可上高山

父命甲午生

相逢未与言

所為不當為

母属金

鴉飛鵲噪

空餘心事寄塵凡

一步艰未一步难

數定

放鶴肾頭有嘆歎

枉費空劳力

二百八十

一 二 三 の 五 六 七 八 九

刑剋不相宜　憂虞第の妻

卅四千九

不勞心力獲錢財　謀事安舒福運來

妻大六年　前定

廿八文

行藏不必費躊躇　周道馳驅駟馬車

六親星散不堪言　剩得囊空路八千

四千四千九

呼聚喝散令威嚴　赫赫聲名掌大權

父命癸酉生　合數

四千四千九

白席坐中堂　嚴君有恓惶

二百九十

一 二 三 四 五 六 七 八 九

數有九子
送老二人

卅 乂口
解神相見喜和同
亞曜消除福積陰

廿 八乂
事事稱心
好花謳賞更精神

廿 卅九
遇々陰人
可以向貴金

卅 乂口
南北東西其不通
往來有利吉相從

七十 乂口
流螢有光
可以借路

三百零

一 二 三 四 五 六 七 八 九

五千九

故人相見話当時
前後悲欢酒一卮

兄弟二人
同父各母生

五千四三

夫命丙申生
合數

捲尽浮云半点無
中天正当照金烏

四千四三

心事家安閑
室家無不遂

數有七子
五子送老

四十六千

灯光明月照人行
步、週全眼

三百一十

一　二　三　〤　五　六　七　八　九

衣食頗饒足　康寧福自生

平〨〤　告别諸親不復来　夢魂尤戀旧朋

〩十〩〣　衣当得手

廿〥〤　水中勞月枉勞心　且共從容酒一樽

廿〩〣　進退無定　禍患相逐

五行家重是刑傷　拾歲總交先尅娘

廿〨〤　得意之中常有得　失意之中常有失

三百二十

徒弟六人　送老四人

一　の十八知
喜事有餘　求謀今日托相知

二

三

の　卅九の十
一樹梨花白玉扁　曰風吹落汝楼台

五　卅八
明月照行人　知已却相尋

六
妻大七年　註定

七
造物有情　本是双胎一所出

八
刑尅不相宜　憂虞第六妻

九
早子還死　遲招方实

三百三十

一 二 三 四 五 六 七 八 九

一　翁屬鼠　姑屬牛

二　五十九　進有阻隔　堅守爲淂

三　翁屬鼠　姑屬虎

四　四十二　擾攘多事　淂一失一

五　父屬羊　母屬猪

九　乙未之年　名當登甲

三百四十

一 二 三 の 五 六 七 八 九

一 堆金積玉 事皆合數

二 父乙丑生 合數

三 早運顛連 只作填房之婦

の 六子属木 合數

五

六 父命辛亥生 合數

七

八 乙卯之年 名当高薦

九 七子属火 合數

三百五十

一 廿八四 有經綈之才 過而不遇
二 夫命丁卯生 數定
三 の十平九 豐年有慶 幸中不幸
四 五十八四 安如盤石 謀望亨通
五 數有十二子 六子送老
六 八十二 明月有缺 光輝漸減
七 良人有刑 再嫁巳卯生
八
九 父命乙亥生 前定

三百六十

一 二 三 の 五 六 七 八 九

卅九 卅八 卅二

梅花先報信 春色漸芳菲

夫大二十九年 前定

善事翁姑 賢能之婦

終朝向舍求田 無限黃金在晚年

樹木扶疎綠陰濃 吹噓之力杖東風

壬寅之年 曾着楗根

半生風雨楊花舞 溫飽平生在晚年

時未能安 須求本分

夫妻全丁巳 數定

三百七十

一 二 三 四 五 六 七 八 九

執

寂

喜雨滋培

命犯刑孤

金谷園中設綺筵

父命庚子生

父母全丁未

良人虽有如無

艸木茂盛

未曾出嫁先傷夫

山珍海錯列于前

前定

註定先天

心以修行為計

三百八十

一　二　三　の　五　六　七　八　九

父居猴　　母居龍

の十九　風雨萧萧日正長　　千紅萬紫樂相將

の十二　天德相扶免禍殃　　凶神退去招貞祥

癸卯之年　　会着捷報

欲上高樓起步難　　徘徊觀望未躋攀

の十三の　擾擾不寧　　内外焦心

の十九　有個漁郎來指迷　　天台路近復何疑

三百九十

一　廿卅九　諸事現成　謀為稱心
二　妻命癸巳生　數定
三　午十八乂　灾晦相侵　几番風雨
の　廿八乂　欲進且盤桓　宝馬未鋪鞍
五　李十不丹　人生財旺多　康寧家自和
六
七　夫大十五年　前定姻緣
八　七十六二　大限已極　夢魂杳〻相知別
九　四十非　破財不一　向虛名而淂

四百零

一	二	三	四	五	六	七	八	九
廿九 卅九	卆九 卆九		六十二					
年復年來事漸通	出門路盤桓	人事得其順	妻命甲戌生	父母全已亥	兄弟六人	父母全丙子	數有七子	
好花逅雨未全紅	步步多荊棘	有謀爲慶幸	前定姻緣	前生已定	數當居長	註定先天	六子送老	

四百一十

一　二　三　四　五　六　七　八　九

三千四十九

乖戾不和　災星交措

兄弟有七人　中斷惜喬羣

父屬牛　母屬馬

玉人有刑　再娶己卯生

三千四十三

徒弟三人　得以送老

好花偏披　恨風雨相催

四百二十

一	二	三	の	五	六	七	八	九
	六十八	廿九		廿二	六十九		卅二	七十四
四九之年運大通	月圓月缺果無常	洿人相伴度危橋	載酒尋花	春光明媚	一別諸親不復來	妻命屬鼠	福至心靈	一点螢光暗裡飄
東轔〻烈〻根橋東	人似水流沒主張	眼前春光工柳稍	賞心樂意	物色更新	青山綠水去悠〻	前定	謀之必成	若明若暗夜迢〻

四百三十

一　二　三　の　五　六　七　八　九

戊寅之年　名當高薦

の十九　昨日陰寒今日暖　春風暫頃開笙管

八子屬水　合數

七十八　陰中自有神相助　不須措頓東西路

卌八　竹橋走馬雙蹄滑　海上扁舟醉舵公

卌二　掙過今年黃葉落　須防來歲柳條青

卌六　目下運逢亨通　無憂樂事濃

四百四十

一　二　三　四　五　六　七　八　九

卅九 四十　渡过崎嶇見坦途　前程咫尺有安居

玉人有刑　再娶丁亥生

四十二　黑云四散見青天　融融日色柳争妍

五行受傷　八歲喪母

教有不幸　夫死非命

廿八　好花初放便凋殘　恨奈東君風雨潺

四百五十

一 二 三 四 五 六 七 八 九

一 夫命辛亥生　前定

二 廿卅九 始終好事得週全　行見今年勝旧年

三 卅二二 事事無成　貴人提拔可无憂

四

五 刑傷第五人　好花雨打奈若何

六 卅四三 南北得和同　東西有始終

七 夫當出家　數定

八

九 父屬蛇　母屬牛

四百六十

一　春夏須濃飛正權　秋冬成數大豐年

二　晚年得子莫嫌遲　虽是遲遲慶有餘

三　卅の三　綠村陰濃日正長　涼亭凤捲芰荷香

の　乙巳之年　名当高荐

五

六　師命属雞　前定

七　廿卅九　天心未復轉三陽　黄道初纏日正長

八　卅六　小雨菲菲　似無似有濕人衣

九　兄弟六人　數當居中

四百七十　妻命壬寅生　數中早定

一　四千十九　無是無非樂意濃　三春花柳遍青叢
二　十八乂　景色快怡人　垂楊遍綠陰
三
の　隨母從人　恨蚤喪君
五　五八　明珠拋擲在羊腸　灾晦有侵必有傷
六　卅八乂　運氣正徘徊　花枝風雨催
七　十二　風捲楊花撲面飛　漫漫白雪着人衣
八
九　卅二　月昇千里照人行　秋色澄清到處明

四百八十

一 二 三 四 五 六 七 八 九

夫命乙巳生　　　　前定

卅八

春光一去不復反　　東風吹雨客衣單

炉中分造化　　憑火作生涯

良人有刑　　再嫁甲午生

二十八

到處花開披錦霞　　院宇晴和開罷華

謀事不合　　得個貴人扶持

四百九十

一二三の五六七八九

丗の三

止須笙歌設綺筵　華堂春暖日融和

天喜臨垣　數當得子

五十九 子十

丗の三

舒倦揔由人　浮云飄忽自無心

鳥鶩遠屋鳴　破耗禍相侵

母命甲辰生　前定

父属猴　母属虎

五百零

一　十八七　無意向花花自開　易成易立不須猜

二　真假四子　得以送老

三　卅八口　終日持竿不得魚　江頭風急苦淒淒

〇　七十八口　掙過山崗又是崗　道途多少屬艱難

五　甲子之年　得子

六　五九年華路始通　貴人提拔富無窮

七　不十八口　一程又一程　無處不陽春

八　丁酉之年　名當高薦

九　二千卅九　錦繡河陽縣裡花　春光到處遍韶華

五百一十

〥十〤　蹇塞而破財　虽散復还来

一　五十二　總醉忽还醒　憂与喜相併

二　〤十〥　忽然長逝恨如何　悔柰從前事事非

三　〤十〤　术之必遂　進而後退

の

五　廿〤　羊腸路尽　漁郎指引入桃源

六

七　廿二　謀欲成时天若催　成之必寄福相随

八

九　〤十〤　高低未得齐　人事費精神

五百二十

父爻猪　母爻猴

一　廿〤口　吉人相扶　平安之福

二

三　妻命巳酉生　數中已定

四　五千三　福来不必求　安然称慶得優游

五　六千七千九　可玩不可得　春風送個真消息

六　卅八〤　昔日徘徊有不前　今朝跨馬侭加鞭

七　六千七千九　日出而進　取得松枝滿担挑

八　六千の三　早暮慢消停　一場春夢恨無憑

九　六千八〤　融融洩洩　黄金無計

五百三十

一　六十三　莫以遲遲怪蹇驢　由來山路正崎嶇

二　廿八四　土窟之中有個精　沒頭沒尾伴污泥

三　五十〤十九　喜事天來　費心之處得逢財

四　六十〤十九　灯花結蕊　堂上開笙歌

五　廿八〤　進三退四恨如何　眼下遲疑反復多

六　廿〇三　鶯花正好遊　高歌把酒復何憂

七　五子屬火　註定先天

八　六十〤十九　難之又易　一騎便饒三趣

九　數有五子　四子送老

五百四十 の十卆九 春光無限堂中錦 花意相爭事不同

一

二 夫妻全丙子 註定

三 平の三 珠盈金屋之中 冨不可限

四 兄弟出家 原来有数

五 卅八乂 措用無成 时之未遇

六 丙寅之年 浮子

七 の十卆九 花落沾濡 憂〻鬱〻不相宜

八

九 父属犬 母属𢒪

五百五十

一 卅二 稿苗得雨勃時興 金風先生振得成

二 卅九の十 喜而不喜 明月自有盈虧

三 壬辰之年 名当高薦

の の十の三 左冲右突 弥縫其失

五

六 卅九の十 歌舞台斜日融〻 宛转妻風樂意濃

乂 暗裡凶神射箭來 須防小人有多灾

八 癸酉之年 得子

九 廿八 破財見灾 不幸又不幸

五百ア十

一	卅ア九	城頭之下掛神龍	諸事亨通福自從
二	卅ロ 卅ス	雲封日色	輕雷隱隱憂難測
三		命犯在死街	身為殘樹栽
の		已巳之年	浮子合數
五	五十二	到此數已極	數盡冬唯留客
ス		壬申之年	浮子合數
七	ロ十八	小人有恨未能容	尋個勾連禍不窮
八	六十の三	芳草菲菲春色濃	郊原新綠日融融
七		夫命屬牛	姻緣前定

五百七十

一　二　三　四　五　六　七　八　九

〤千〥〤　所遇不相得　別尋知已方有益

徒弟四人　二人送老

卅二　牡丹花發正芳菲　輕發當年千萬花

雖然出身小　應有八座尊

廿八　前行昧其所止　却被無妄之禍

〡千〤千九　望見前溪　巴得前溪力未堪

帶疾復為僧　孤花又失群

五百八十

一 二 三 四 五 六 七 八 九

九子居席　數定

六十九年　一点紅灯照路途　高低須当小（心）行

長子居龍　註定

七十二　大數原來不可逃　仲尼赴台泰山頹

六十三年　不勞心力　安然其益

卅九年　風風雨雨恨世冤　桃紅柳綠損精神

五百九十

一 大運須交六大年 倉箱盈裕福星纏

二 廿の三 侵晓鵝鵲鳴 凶吉不堪聞

三 母命丙木 合数

の 廿の三 欢咲近時 春風到海棠

五 卅の九十 馬失其鞍 高低之处有盤桓

六 徒弟六人 三人送老

七

八

九 卅の三 魚龍縱大壑 小汲三千里

六百零

零 山外青山利可求 成家立業事無憂

一 五千六百四 中流遇雨霜 何如及早成衣裳

二 五千六百四 馬度危坡 回首費蹉跎

三

四 四千九 虽費工夫 久之当有得

五 三七時光又八春 須知禍散福來臨

六 四千六百四 麻麻淹留时日多 妻兒秋月且高歌

七 四千八百五 無事日安舒 行來道坦如

八 一生拖腸多吃累 与人恩義反為仇

九 卅二 遇有險阻之處 神翼之而無害

六百一十

一 の十乂 踌跛長途未見家 秋風一夜入蒹葭

二 犯着孤鸞可奈何 甘心淡薄做尼姑

三 卅の三 馬繫在高楊 兩眉到此正開揚

の

五 の十ノロ 樂極變為憂 只餘多病恨無休

六 夫命丙午生 前定

七 三台星显 位至部堂

八 の十の三 無物不從容 樂在管絃中

九 ロ十ニ 昨夜朔風高 江上白雪飄

六百二十

父屬馬　母屬鷄先天早定

一　の子十九　藤蔓蔓延　是非破耗有勾連

二　辛巳之年　得子

三　甲申之年　浮子

の　子十二　有梯可以拔　高樓家上不為难

五　良人有刑　再嫁丁亥生

六　十八子　凶神得個解神扶　福自相逢禍自消

七　子十八　潮來潮去　財散財聚

八　子十八　數到頭來總是空　金銀田土恨無窮

九　子十二　斬絕糾纏　牽步得安然

六百三十

一 の千千九 不憂不憂 未了白頭
二 夫命巳卯生 合数
三 卅ス口 運未久神 遇事出無心
の の千ス口 風日晴和 情懷舒暢
五 五千×八 一場煩惱 意外相擾
六 五行家重是刑傷 太歲未過喪母亡
七 十ス口 春風罗綺 翩翩得意
八
九 七千ス口 得子之喜

六百四十

一	六十八乂	梨花夾帶柳花飛	妻風麻麻鳥空啼
二	の十二	無禍亦無災	辛勤可以得錢財
三	の十八〤	溫飽無求	風送小舟
の		五行家重是刑傷	七歲未週喪母亡
五	の十九十	錦繡堂中列綺羅	暖氣相逢鳥声和
六			
七	廿二	可以進而進	謀之暗合無煩惱
八			
九	七十八〤	東君得主張	心事是倘佯

六百五十

富貴崇高　已極人間之福

一　十四　出门無所札　所遇皆知己

二　父命庚午生　數定

三　四十四　晦氣交加　室中有損

四　廿二　慮有挖傷蛇不傷　遲疑恐懼有徬徨

五　夫命丙兔　數定

六｜四十二　黃花白玉福無双　子侄衆衆滿画堂

七｜五十九　大耗小耗相催逼　破財破鈔當不一

八　夫大六年　前定

九

六百六十

一　卅の三　時雨高軒暑氣消　月明已上柳枝稍

二　妻大二十一年　前定

三　のナスロ　浔行其志　前程十里是窮市

の　七十八 个午　月缺恐难圖　浮云在眼前

五

六　卅の三　一行浔個貴人扶　食飲膏粱衣綺罗

七　十スロ　交差歧路悞人行　南北東西杳不明

八　結髮夫妻是活離　先天前定不差移

九　卅スロ　數到頭來不自由　東君是計可遲留

六百七十

一 十の三 暖氣侵人 桃紅柳色新

二 六親偏無靠 多少相嘲笑

三 卅ㄨ日 相打場中休前步 是非禍裡早抽身

の 廿卅九 羊占虎闈 自速其咎

五 卅八ㄨ 無災亦無唯 古鏡拂乘塵

六 夫大十七年 前定

七

八 廿二 有有無無可吁嗟 每向東君怨落花

九

六百八十

一　四千六十四　進阻無神　圖之有力

二　卅三　一朵灯花晚色寒　雪花零落壽檎干

三　辛卯之年　名当高薦

四　四千八十七　富足有餘　春色無悪羅人居

五　廿卅九　好將短事作長事　莫听傍人說是非

六　四千三十九　凤靜氣而狂奔　遇有舡而渡人

七　五千三十九　倫前缺後　数有未齐

八

九

六百九十

十二　明月初絃　清光一半照南軒

一　千六四　憂魂搖搣櫓舡中　告別諸家無影蹤

二　千八乂　苦不知足　辛勤白髮逐勞碌

三　千千九　得安然之處　納無限之福

の　千の三　朝朝暮暮何時足　一旦無常相追逐

五　十八乂　洞房花燭　却是鼓樂之声

六　卅六四　將來守个出頭時　解放愁眉酒一巵

七　母命丁未生　數定

八　廿二　好丁妻先又兩妾　陌頭楊柳足堪眠

九　千の三　珠珠璃璃積積餘　富有黄金數不窮

七百

零 一 二 三 四 五 六 七 八 九

四十八 時當順境 何事不堪為

父屬木 母屬水

四十九 樂事約相同 春風到處逢

四十八 來來去去 生意難期又一灘

妻命丙申生 前生註定

守定根基啟後人 後人昌大事還新

四十二 事有頭緒 高歌醇酒多餘味

七百一十

一 廿四 事業猜疑霜未乾 祇恐紅日上三竿

二 卅二 事事從容恢抱寬 淒風一陣夜生寒

三 妻大十六年數定

四 四千九 財積如山福自生 春風花發落陽坡

五 卅四 道途皆坦 不惧風波

六

七 千四三 樂事稱人懷 貞祥福自來

八

九 四十二 病事稱痊 著力可知公

七百二十　卌の千九　錦宮堆裡富堪誇　日日笙歌開蕊華

一

二　六千九　有餘不足人事多　比長較短待如何

三　八千八七　到此數已極　諸事相送空相憶

四　卌二　黃金雖貯不須求　上下安然慶有餘

五　父妻仝年未　註定

六

七　千八七　見孫兩眼壽如松　造化原來有不窮

八　丁亥之年　得子

九　の千の三　托肩之有失　可寬其心力

七百三十

一 二 三 四 五 六 七 八 九

四千四千九 哭之莫已几成哭 未及長驅悲斷續
父屬鼠 母屬犬
九十九千九 災禍不生 內外得安寧
四千八五 空函深淵何有魚 絲綸不辨費精神
辛丑之年 名當高荐
四千四千六四 易而不易 掙過寬然憂拮据
四十四千九 人在醉中 昏迷不醒
四六 壽短死危命所該 一朝指兩數中排

七百四十 の十八 雨收雲散月光明 相邀從人取次行

一 五十四 暢其所欲 無憂不足

二 一十の三 滑子之喜

三 廿三 磨火忽自慢 自慢伏其禍

四 庚寅之年 滑子

五

六 五十三 鬧是相干又破財 其年出入鬼相猜

七 の十四 事逢喜氣 可為安榮

八 の十二 半夜潮聲大若驚 不為利遂又成名

九 癸亥之年 名聲特達

七百五十

一	廿〤〇	野犬延入室	陰人小口晦相爭
二	七十七十九	福来佑人	健旺精神
三	廿卅九	夜雨洗開朦朧眼	西風搖動伯牙琴
四	卅〤〇	謀事得專成	馳驟馬歸程
五		父屬雞	母屬龍
六	七十二	東西路已通	開船却遇滿帆風
七	卅〤〇	纔脫灾时禍又臨	碧天明月有云生
八			
九	卅刀三	工之復下	相逢猛浪

七百六十

序	注	上	下
一	九十又九	室正黄昏	天边月色明
二		毋先父没	終天之恨
三	七十又四	咀唔復咀唔	東風几陣梨花雨
四	廿二	有個知心尚未来	黄昏相待已徘徊
五		乙未之年	淂子
六		数逢土木之年	尅子
七		癸巳之年	淂子
八			
九			

七百七十

一 六十二 接着東君一紙書 千年之計总成虚

二 の十八乂 意欲取而未成 淂失相干

三 卆十卆九十 挣过南嶺高低路 不復多回頭

の 廿ス口 幾得圓时又見虧 圓虧相倚不須猜

五 八十ス四 時常之納福 圓转四岫

六 徒弟五人 三人送老

七 廿二 不遇而昌 漸饒生趣

八

九 夫妻全甲戌 數定

七百八十

一 二 三 の 五 六 七 八 九

六十八口 福祿來時不用憂 往前退後總優游

の十八乂 安步向前 馳驟福相連

夫命癸亥生 註定

巳未之年 名姓高薦

卅九の十 春色洛陽城 高低錦繡紋

十八乂 滑中有失 春風日〻空相憶

卅九の十 山路正崎嶇 一步高來一步低

卅の三 不費精神 生涯自有成

七百九十 一		姑先死翁後亡	此刻數定
二	口千八七	太平無事日優游	順境相逢不用謀
三		妻大八年	註定
の	口千十二	時通時寒	禍福無疑惑
五	の十 口千九	所以不合	謀之總無益
六	の千十二	一夕長江捲暗塵	霎時風雨莫逡巡
七		翁先死姑後亡	合數
八	[illegible]	流年未安	凶神破耗事多端
九	十二	人物一時新	喜李臣進妻

八百零 のキのミ 一步一週全 春風信馬歸

一 早卆卆九 翁先死姑後亡 合散

二 早のミ 破耗不一 得中有失

三 三 敎定得子 喜上眉尖

の 早卆卆九 天曉須懞 依稀日影紅

五 のキ早九 人事交来勝旧年 祇餘啾唧晦相纏

六 父命癸亥生 合數

七 日色融融 几陣條風

八 自春入夏几回旋 一遇秋冬福履綿

九 姑先死翁後亡 方合此數

八百一十

一　卆十〤　一庭餘烟火未消　金炉依旧異香飄
二　十卅九　堂前映白雪　数定父帰陰
三　十の三　蓮花凝曉日　色自出尋常
の　丙申之年　得子
五　卅八乂　憂之既特　盆之欢笑
六　父屬兎　母屬馬
七　卆十二　年末家計得從容　内外無虧福自從
八　巳亥之年　名当高薦
九　廿の三　片雲飛過　明月當天

八百二十

一　四千八　璞玉既分　尋見欣為世用

二　夫大三十の年　數定

三　富有黃金比石崇　晨我事業福無窮

の　父命甲辰生　數定先天

五　七千八　惠風條節　歌舞嬰姿

大　七千の三　大數原來有盡時　眼前無物不堪思

乂　四千九四千　賤風洋洋　十分妻色

八　廿三　太歲有情　逢凶化吉

九　丁酉之年　得子合數

八百三十

一 二 三 の 五 六 七 八 九

早卆九

卆六二

卆の三

十八口

卅八日

父屬猴

大樹扶疎伏虎眠

前路正崎嶇

納粟向前程

名利未可求

灼灼桃夭

當午日光

母屬雞

小人陰損在眼前

端詳推大文

功名在半程

求之定有阻

一片紅光似錦

文明有象

八百四十

一	二十卅九	遇着知心人	心事渾推委
二		良人有刑	再嫁乙未生
三	卅五四	半疑吉信半疑凶	千里迢迢書一封
の		妻大十八年	註定
五		庚申之年	渾子
六	の十千九	事到頭來不自知	江山千古恨悠悠
七	十二	亂頭牛尾	展轉氣遲擬
八	六十千九	喜氣上鈎篇	其年事事和
九		兄弟六人	數當居末

八百五十

一　廿の三　金風一夕　頓除煩熱
二　丑十九　白玉堂前遍白楊　高低一色雪飄楊
三　卯十八乂　人事融和見喜容　再帶佳氣靄重重
の　丑十四　五帝度兆來　飛符更作突
五　卯十二　光耀三台　名高爵厚
六　尅過丑年妻　後運龍堪配
乂　辛丑之年　得子
八
九　母命乙丑生　數定

八百六十

一　子十乙　事無干涉　終日逸豫

二　卅の十九　蓬〻勃〻驟然興　富貴黃金事業增

三　四十入日　光風霽月　起舞欢悦

の　子十入日　勾陈星現寂無情　爭害官非有變更

五　父命丁酉生　數定

六　の十の三　時雨沾濡　農天之慶

七　子十入日　貴人携手相扶　事魁其清

八　卅入日　長歌一曲送行人　無限關山恨遠征

九

八百七十

一		数逢十三の	父命已定傾
二	の千二三	宝鏡重磨	光榮勝昔
三	五千八乂	一個巢兒啣把刀	小人欺晦禍相招
の	廿二乙	嫩竹抽竿已过墻	会看此日拂云台
五		妻命甲戌生	合数
六	夂千の卞	晚期一遇	意氣半消磨
七		早年見女有緣	青春罗列坐前
八		長子属猴	合数
九		財帛虽有餘	到老属勤劬

八百八十

一 二 三 〤 五 六 〧 八 九

母命辛酉生　數定

卅不口　秋月妻危　無日不足

卅〤九十　机会未来　進三退四

身虽男子　却似女形

〤十八乂　相逢有顏　人在春危天

父命属龍　數定

十不口　人生不幸有刑傷　泣向西風泪兩行

八百九十

一 二 三 の 五 六 乄 八 九

玉人有刑 再娶丙午生

七十二 睡而不睡 沉沉迷向

十八 陽和雨後 艸色青青侵窓牖

夫大九年前定

四十二 流年丑所碩 次第妻兒看饜足

卅八 千里河阻阻去舟 徒勞費力漫追求

三子属馬 合数

九百零

一　の千丶乙　青龍搖尾　滿門之喜

二　父居蛇　母居雞

三　の千ス〢　時來未逢路若迷　水流花落鳥空啼

の　廿八乂　更籌报尽天已明　寒夜踈星趂早行

五　丙戌之年　名姓飄揚

六　早歲承寧　中年折挫

七　の千ス〢　無心福自來　春風有意好花開

八

九　千の三　濟渡有船　須登彼岸

九百一十

十一二三の五〦七八九

五千千九
六千〥千
四千八〤
十の三
廿〥千

牛与羊觸　禍患相逐
一片彩霞秋後空　日開晴霽淂光華
燕子止交飛　春深梅子肥
盈名盈利百無成　浪跡浮踪已半生
戊午之年　淂子
枝頭為报三更月　子規鳴唤声啼血
洛陽三月景粧成　高下楼台物色新
徒弟五人　送老只一

九百二十

一　卅の三　物色更新　錦綉上林春

二　五行家重是刑傷　七歲未遇喪父亡

三　四千八の七　人事從心　寢之眠席

四　不五千　整相喬裝　淹幽思渺茫

五　四千の三　否極泰來　造化又當旋轉

六　年將十七八　椿樹必傾頹

七　卅九の十　輕寒輕暖　景物無邊

八　夫妻仝庚辰　數定先天

九　美貌佳人　粧奩無得意

九百三十

一　二　三　四　五　六　七　八　九

數內刑傷　早别雙親泪几行

奔馳他鄉事未成　不如收拾且歸程

良人有刑　再娶壬寅生

妻大九年　合數

五十三四六

東西不離　空勞馳逐

妻命丙辰生　註定姻緣

六十八

朝不謀夕　日不暇給

九百四十

五十四 輻湊黃金福自崇 安居履順樂無窮

一 六十八 斟酌舉事 大收其益

二 良人有刑 再嫁甲辰生

三 六十二 前後有阻 別無安妥

の 父屬雞 母屬馬

五 四十四 突侵福氣微 東來燕子又西飛

六 妻大十年 前定

七 廿八 瓦發園林日正長 東風料峭曉凝霜

八 六十二 芦医再世藥通灵 大限終時有主人

九 十四 紅日東昇 紗窗明亮

九百五十

一	七十六五	鼠灾在衣堆	東風吹好花
二		父妻全巳酉	數定姻緣
三	六十二	楊樹花發正暮春	樓台之下走輕衣
四		數有八子	七子送老
五		子母錢來不患貧	殘花榆柳得交妻
六		夫命無歸	准數
七			
八		丁未之年	得子
九			

九百六十

		父属馬	母属犬
一		甲辰之年	得子
二		癸丑之年	名当高薦
三	廿九 卯午	斬絶糾纏任坦行	前山青色後山青
の			
五			
六	の十ご	一面菱花半面明	其餘半面掩灰塵
七	卯十こ	不費精神自有成	福来相随湊黄金
八		逌和處世	忠厚待人
九	卯午の三	履之坦之	羊頭羊尾掩兩

九百七十

一		庚戌之年	得子
二			
三		父母全乙酉	前定
四			
五		前代功勳大	蔭襲衣伴君王
六		數有七子	送老
七	卅四形	妻囚园林	交加妻緣
八		壬子之年	得子
九	早形	可惜当年事不穷	今朝低首向西風

九百八十

十 一 二 三 の 五 大 七 八 九

卆の三　福又加增　春風歌曲

卅八乂　泮水芹糸　採之如寄

七十の三　越老越精神　見孫繞膝福來增

甲寅之年　浮子

夫命壬戌生　數定

卅八乂　滾滾有財源　萧墻伏禍胎

九百九十

一 の十六丹 舟搁泥沙 午潮有待

二 六十六丹 人生不幸有刑傷 漩向西风泪几行

三 甲申之年 名当髙荐

の 夫妻仝甲辰 数定

五 の十八メ 未及前進 又当推卸

六

七 七十六丹 艸木凄怨 連朝霜雪

八 二十六二 春色侵人 会見相成好梦

九 十彡 黃鶯喬遷 其声睆睆

震數

六千零

一二三の五六七八九

卅八

楊帆迅風 中流遇石

戊辰之年 會看提拔

卅二

點點芭蕉夜雨声 愁人憂悶不堪聞

妄意婪財 因財喪命

續之復断 命中早定

廿九

兄弟十三人 同父各母生

苦雨淹沉 行人愁悶

父命屬鼠 數定

一十

一 五十四 祿星照命 恩曜來臨

二 父母全乙卯 前定

三 五十四 事可当為 謀之有利

四 廿四 山神為吉之為凶 事之無害吉成功

五 徒弟五人 三人送老

六 四十九 無害無益 勞力勞心

七

八 廿三 不失旧物 漫游昌盛

九 師命為大 前定

二十

一 二 三 の 五 六 七 八 九

廿〤口 事順何其易 春風拂拂來如意
師命屬鼠 數定之先天
父母全丙寅 前定
五十〨〤 有藥也难医 原来尽期
卅〨〤 混逐世途 顛倒招呼
師命属猪 註定
卅の三 浮子之喜
四十二 死留傳撒 灾患不息

三十

一二三の五六七八九

の十乾九
卅の三

景物有情　嗟客剛展
窗前一穴光　望客思徬徨
妻命丁酉生　前生已定

卅八乂
丙午之年　名当高荐
月光千里尽無雲　忽轉青云日有陰

卅の三
夢魂萦擾　遭際相安
夫大八年　前定

四十

一　二　三　の　五　六　七　八　九

口十千九　一日無常數莫逃　從前事業总徒劳

卅の千九　夢叶麒麟　運至添新

卅の千九　夏陶度流年　心事不堪言

夫命乚卯生　數定

卅二　桃红柳绿　喜事連〻

一千八乂　喜事相招又見財　財源福輳称人心

罰命屆跪　合數

卅の千九　一日一日復一日　已对良辰佳節

五千

一 二 三 の 五 大 七 八 九

巳巳之年　名當高薦

夫命屬土　合數

毋命屬水　前定

の十二
笑容一展变憂容　花面開时又遇風

卅九
草木排芽自待春　梅花早已报东君

父屬牛　母屬乾

の十二
夷岸曉烟收　垂楊嫩緑浮

父命壬午年生　前定

六十

號	註	上	下
一	平二	東風忽又轉西風	晝夜炎涼事不同
二	卅ㄨ口	寧而吉利	恩星照人
三			
の		妻命戊戌生	合數
五	早二	壽之合之	春光已過昔顏色
六	の早ㄨ口	意興躊躇	高歌慢酌
七		母命丙戌生	前生註定
八	の早早九	恩曜相扶	加官進祿
九	早ㄨ口	福去福來	災晦消除吉慶臨

七十

一 二 三 四 五 六 七 八 九

夫妻全已卯　注定先天

卅千九　園林暑氣落　綠陰堪寄托

四千九　夢入南柯不復回　空餘珠泪使人悲

兄弟六人　秦楚不同盟

空有黃金付子孫　子孫猛浪雪消冰

五千六　小路轉来逢大路　可以無煩足力勞

七千八　时年運精　數訣得子

八千九　遭際喜非常　黃包晚有兒

八十

一二三四五六七八九

夫命壬子生　前定良緣

庚午之年　名当高薦

卅九
水漲滄江兩岸平　偏舟自在可前行

廿三
西歸堂前篱幙生　少年行樂精豪奢

翁命屬蛇　數定

五十三
謀事湊当年　廣置園林廣置田

九十

一　二　三　四　五　六　七　八　九

妻命屬龍　前定

一千九　一去不復來　夢兔空变旧楼台

三千卅九　洛陽春日　鶯律遍城中

四千九　葵花偏愛日　浮雲飛過陰遮來

父屬雞母屬蛇　前生早定

四千九　不意之中福自臻　恩星相出有黃金

翁命屬馬　前定

良人有刑　再嫁庚戌生

一百零

一 二 三 〇 五 六 七 八 九

廿七 梨五三月雪 白遍楼台飛不歇

師命屬牛 先天早定

廿七 喪服星臨 流年之咎

〇十〤〩 喜出意外 安然之慶

父屬兔 母屬龍

廿〇三 却丙泥神向利名 吉返逐是費沉吟

母命庚申生 數定

一百一十

十　翁屬猴　前定

一　四千五十　安然進步　青山綠水看宅數

二

三　四千九十一　安心樂意　出入頭地

四　十八七　一面夫君不辨心　恨來轉眼便相刑

五　四千五十　一場煩惱莫能知　悔恨妻風祇自疑

六　四子屬犬　數定

七　四千八七　年華去又來　黃金嫩柳不須猜

八

九　四千九十一　求所當求　魚已吞鈎

百二十
一 二 三 の 五 六 七 八 九

六千五百　東君今日促高裝　為正當年着正忙

翁屬鼠　妣屬兔

五千九百九十　几年奔走得休肩　今日從容花柳前

廿八　庭前草木以春意　暗裏潛滋色轉新

の千八百八十　日坐好花前　相看擁翠佃

五千乙　前村來見杏花紅　指引來時有牧童

夫命辛卯生　數定

五千の三　綠楊深處一魚舟　慢捲綵綸無所求

一百三十

九	八	七	六	五	四	三	二	一

一 父命属猴 母命属猴

二 廿卅九 言採其芹 氷之妻津

三 廿入斗 際遇漸亨通 頃刻東風回逢

四 二子属兔 数定

六 母命巳未生 数定

八 兄弟四人 同父各母生

九 卅入斗 上苑妻花 禍律奪目

二百四十

一 二 三 の 五 六 七 八 九

癸酉之年 名當高薦

一千八百

大數已今尽 江水東流不復西

淂嚴父之蔭 享遐齡之福

毋命屬兔 前定

四千八百

瑞氣止隆隆 事淂喜和同

妻命癸丑生 先天註定

一千四三

走達路淂猜 却入好花深處

一百五十

一　二　三　四　五　六　七　八　九

四千四三

四千九四

真誠待人　受人欺侮

玉人有刑　再娶而申生

造化周旋　否極泰來

愁恨不可言　謀事成惡恨轉牢

赤日走長安　千里往來奔走

夫妻緣舊　當柔妻而愛妾

毋命居土　數定

一百降

一 二 三 の 五 六 七 八 九

卅八
午の三
卅九
早

翁命居羊　合数
走逢遂境　事事皆憂悶
黄埜狰有餘　当年不必費躊躕
夫妻先会合　而後结缘罗
陰氣盤旋晦逼来　灾之不已又逐灾
數該生子
父母全丙辰　前定

二百七十
一 二 三 〇 五 六 七 八 九

丢二 尛ㄨ 〇十〇三 〇十又廿 十ㄨ

父居帀
日边擁護祥雲
原来大数不由人
妻命庚午生
一望前途未息肩
太陽東上巢潛踪
芍藥一欄
師命屬帀

母居乾
華蓋照耀门閭
豪傑英雄化作塵
前生早定
征人躑躅向流年
人事歡呼喜氣中
奪取牡丹富貴
先天數定

一百八十

一 二 三 の 五 六 七 八 九

父屬龍　母屬羊

五千四三　萬紫與千紅　三春景不同

五千九　祥雲叠叠　偏照華堂

五千八七　刑頭萬事總成空　貴賤窮通事不同

廿九 卅九　新愁與舊愁　解放兩眉頭

五千六七　陰謀窺覷多　黃金有消磨

心存利濟　道可榮身

二百九十

一　二　三　の　五　六　七　八　九

七十八七

淒風苦雨令人愁　總是愁人不見愁

翁命屬猴　數定

卅八七

妻命乙卯生　前定姻緣

安分無求　享福悠悠

夫大七年　註定

六千七四

父命屬兔　註定

蒼台雨過滑如油　旋踵無心有個憂

二百零

一 二 三 四 五 六 七 八 九

十九 廿九　花時初動　微紫上紗窗

四十 四三　烟花迷漫　江上無色

父屬犬　母屬猪

十二　蛟龍不是池中物　雲雨來時即奮騰

妻大二十二年　註定

二　初年成立苦艱难　依傍他人性命長

廿八　金風玉露　萬寶告成

二百一十

一　二　三　の　五　六　七　八　九

卅九の十　苦尽有甘泉　斟酌多餘味

廿卅九　虽云死縐喜　未動鼓樂声

夫命已未生　救定

父命居羊　註定

享現成之業　慎守而昌

五十八七　株木阻于前　蒺藜阻于後

二百二十

一 二 三 の 五 六 七 八 九

の千大中　行藏不必費思量　際遇將來必有殊

妻命癸酉生　泪緣注定

の十八〆　安寧安寧　無是無非悔不侵

夫大十六年　數定

卅大中　尋復旧物　更增新色

十の三　只是高山路路通　半為貴事半成空

七千大中　數當得子

卅大中　情至怨啼泪欲枯　黃昏麻麻鳥相呼

數中屬鼠子　不是羔生者

二百三十

一 二 三 の 五 六 七 八 九

卅入午
無往不宜　何惧相欺
数有七子　得以送老

の十八七
瑞氣溢门閭　平安物可看
徒弟七人　二人送老
丁未之年　名当高荐
夫大二十五年　数定

平入丑
有個枯枝又復榮　今年不与去年同
父命癸卯生　前定

二百四十

一　二　三　の　五　六　七　八　九

朝夕勤劳　相夫而守

玉人有刑　再娶癸卯生

の十二　白占园林雪色空　洞痕洒向玉阑干

父居乾　母居帀

花　走来荒路勿徘徊　一望花開錦作堆

翁先去世　房鷄姑命寿元長

の十三の　太陰出耀　魍魎潛刑　形

二百五十

一 二 三 四 五 六 七 八 九

五千六四

父命丙辰生　前定
汾門和氣　黃堂相邀無煩計
妻命屬水　注定

六千八

官不憂來私不憂　安然納福總無求

卅四九十

屏卻憂煩待笑容　時來喜事不妻風

廿一乙

清明花事正芳菲　恨殺東君風雨催

二百六十

父命丙申生
合數

一
父命居土
先天註定

二
卅六四
風送偏舟
早暮中流

三
十一子居室
合數

四
卅八又
戓時進而戓時退
進退無常人似辟

五
廿四三
際會集至
人安物阜

六
兄弟十人
中斷惜畜群

七
父水母火妻是室
此剥合數

八
四十六四
十事湛為九事成
妻風巴遍洛陽城

九
字七十九
災难不生
出入消停

二百七十

一 母命居乾 註定

二 卅の三 紅日初昇氣象新 吾邊宇宙盡光明

三 兄弟六人 仝父各母生

の の十乂斗 吾端路遇一言公 攜手相邀物色空

五 丑人有刑 再娶乙卯生

六 廿乙 無休無息 衣食豐足

七 夫命甲寅生 數定

八 一千乂斗 今日逢財不用憂 萬宝堆至屋簷頭

九 父居犬 母居馬

二百八十

一 二 三 四 五 六 七 八 九

千八卄

千二

千九

夫妻全丁未

夫妻全丙午

明月照人行

數有偏枯

庠门関上審張罗

三妻屬金

終身福自招

註定

前定

高下色如銀

子当帯疾

便是神仙不易過

註定

渴过溪山心自安

二百九十

父命癸丑生　前定

一　七十四　一隙〻光可借明　隙光内爍風〻星

二　の十八　浮子之喜

三

の　夫大二十歲　前定

五　七十の三　灯火焰〻多起　吉凶隱〻雜行藏

六　四子屬犬　合數

七　の千九　生計浮安然　多勞憂与適

八　夫妻仝壬戌　數定

九　廿卅八　山溪之处路盤桓　浮过溪山心自安

三百

零 一 二 三 の 五 六 七 八 九

卅九 の千

八千 の三

辛 八千

の千六 二

長子屬乾 敎定

高低之處有推車 步ㄟ盤桓路已賒

事無調理 千頭萬緒

夫妻仝庚子 前定姻緣

灾消福長 烟波風捲

父屬申 母屬馬

忽有浮云能蔽日 長安不見使人愁

壬戌之年 名當高荐

三百一十

一二三の五六七八九

妻大二十四年　註定

徒弟五人　一人送老

陰氣既和　斯可以行

妻命甲寅生　數定

[illegible]

[illegible]

相棄永決　子規啼血

既富且貴　惟難得子

母先去世　父後歸泉

三百二十

一 二 三 四 五 六 七 八 九

兄弟四人　樂奏幾般音

十二　靄靄花飛妻色滿　洛陽開謝逐時新

夫命癸丑生　註定

師命屬鬼　註定先天

卅八　數定得子

廿七　天所机會　事多祥瑞

父命甲申生　合數

三百三十

一 二 三 の 五 六 七 八 九

庚寅之年 名當高荐

專心向功名 功名遲必停

卅三の 不為之事強為同 枉費精神未有功

妻命辛巳生 前定姻緣

蠱病喪身 數定不免

廿四八 當年此曲不堪听 听得新声别有音

三百四十

一 二 三 四 五 六 七 八 九

五人有刑　　再娶戊申生

五千八八　天色陰寒正困人　　梅花枝上震春田

夫大十八年　　註定

奉三家之祀　　几畜本宗

四千九　次第梅花暖裡開　　流年表服叔中排

父命先亡母後亡　　終天之恨实堪傷

五千六二　每憶林中之鳥　　希畱难渴之物

三百五十

一 二 三 の 五 六 七 八 九

一　癸巳之年　名當高薦

二　粟陳貫朽妻無限　富比陶朱福自隆

三　妻命巳丑生　數中早定

の　五十八廿　燭影輝煌　高堂必亞

五　良人有刑　再嫁乙巳生

六　翁命屬雞　數定

七

八　廿七　可憐白璧污塵厌　埋伏深山未有伸

九

三百六十

一　土　三　の　五　六　七　八　九

父母仝壬戌　　前定

十亠乙　秋草青青　　春風相識

の千の三　綺羅叢裡鬧春風　　終日高歌樂意濃

甲辰之年　　名當高薦

の千亠乙　到此數已極　　春風無限別離情

の千亠乙　左則左兮右則右　　左右無心神自佑

三百七十

一　二　三　の　五　六　七　八　九

翁命屬犬　定數
數有偏枯　母當常疾
父屬犬　母屬雞
の十七　迍邅未可言　步步苦盤旋
の十四　天宮自是安排定　淌列愁煩且自田
母命癸丑生　數定
廿七　中流遇風　幸積其蓬

三百八十

一二三の五六七八九

共

長子屬馬　數定

路走滔滔未可知　得人指引不須疑

父命丁亥生　前定

父屬虵　母屬犬

夫妻全乙未　註定

三

命若蜉蝣　死在一週兩歲

三百九十

一 二 三 〇 五 六 七 八 九

父属犬　　　母属兎

七十千九

数該得子

兄弟十五人　　同父各母生

四十早九

交差こし　　堂前緑草恨生花

四十〆中

虽有红灯烛已㶳　　長途暗裏覺艰难

卅〇三

惟听有悲啼　　秋風泪滴衣

一 の千九 諸事相安勿他求 鬼神驅使福悠〻

二 良人有刑 再嫁戊子生

三 卅八戊 年〻花事妻光好 花艸今年開得早

の

五 存で 教當得子

六 兄弟十二人 中斷惜离群

七 老誠持重 一生有福

八 十の三 早歲壽元促 徒增堂上悲

九

四百一十

一　二　三　の　五　六　七　八　九

六十八四　灾晦消除天賜福　平安有慶無拘束

玉人有刑　再嫁（娶）壬子生

廿の三　造化相臨　妻凤三弄牡丹開

十八七　一牽一動　逑手惡夢

父土母水妻是火　合着此數

翁先去世　房犬姑命壽元

午未丙科　会看連捷

四百二十

一　二　三　の　五　六　七　八　九

のナ乂ㄐ　深水魚遊　踴躍自如

廿七　难延数绝在其年　棄子拋妻别一天

戊子之年　名當高薦

卅七　費尽祈与祷　数当绝处徒煩惱

廿の三　芍藥開時有好風　江城春色錦叢叢

廿乂ㄐ　春風送来和氣　宇宙行看富麗

妻命属土　數定

翁属猪　註定

四百三十

一　母命癸巳生　前定

二　卅卯九　他人身引是非来　暗筭相看大費財

三

の　五十八七　寸腸無惡得寬舒　内外安然亮自如

五

六　長子属猴　前定

七　夫大三十九年　前定

八　父属馬　母属鼡

九　卅卯九　江村三月　遍处绿陰濃

一 二 三 の 五 六 七 八 九

五十八七　當年損六親　哭声内外聞

卅九の十　一曲溪流波浪平　芙蓉相映可相柔

夫命戊子生　數定

七十八七　人在意中　遇之意外

姤命先亡　帰之不幸

卅乄卄　無意留謀事有成　一經着意即為真

一十乄卄　騰蛇盤結有憂疑　春去秋来向有餘

四百五十

一　二　三　の　五　六　七　八　九

妻命庚戌生　　前定

廿ロス　春光燗熳遍江城　日日追隨馬足塵

の十八乄　淂子之喜

ロス　緑陰童子有灣弓　棲鳥鶯飛樹葉風

父属牛　　母属鷄

夫命属火　　註定

五十九 平十　一身無事福增榮　佳景良辰無不同

四子属羊　　註定

四百六十

一　二　三　の　五　六　七　八　九

六千八　嗟瞞何及去友戎　萬里関山一夢中

六千七　桃花開在武陵溪　渴同漁郎指路迷

夫大三十五年　註定

烔塵撲面走長安　選渴郎官列宿看

六千九　室家和順　事事貞祥

七千五　積凍消除日色融　堤邊楊柳遇東風

四百七十

一　二　三　四　五　六　七　八　九

良人有刑　再婚辛亥生

早乙 常蹙眉頭　歲月多憂

兄弟十一人　樂奏几般音

平 乂午 一番好雨度陽春　眼見江山物色新

丈人有刑　再娶癸亥生

卅 四三 流年破耗多　空憂聚散奈如何

夫大三十三年　數定

十 乂午 物色正宜人　依依柳梢青

四百八十

一　二　三　の　五　六　七　八　九

十二

江頭春色　淌樹桂花几点開
辛巳之年　名當高薦

の十八以

樓頭更鼓家無情　偏入愁人耳內聞
數有十子　淂以送老

五十八口

坎震推車多費力　前有石頭後有棘
父屬犬　母屬猴

四百九十

十 一 二 三 の 五 六 七 八 九

二子屬鼠　詳定

父命羊酉生　數定

十の三

緩步周行　不必徬徨

夫大二十三年　前定

早卆九

際会快人心　大開笑顏口

夫命屬龍　詳定

の十ス口

求所不當求　空餘未了愁

二子屬牛　詳定

五百

零 破鏡不團圓 又抱琵琶过別船

一 父命戊戌生 數定

二

三 丁卯之年 得子

の 徒弟一人 得以送老

五 卅乂口 胤有頭牛有尾 閑门避过東風雨

六 創立規模過不全 十年前後主人翁

七 辛卆几 喪门家無情 骨肉有相刑

八 卅乂口 吉立门庭喜氣揚 財源福輳出尋常

九 七子屬猪 合數

五百一十

數有九子　四子送老

一　五十三

脫其九龍　鳥声驪去

二　六十四三

鬼神陰忌　前往有恒

三

夫妻全乙巳　前定

四　五十九七十

福德來臨　陰陽得氣

五

父屬火母屬土　合數

六

富有黃金比石崇　丘山到处化為硐

七

庚年之年　得子

八

父命逢运　數当一旦喪青鋒

九　卅十八四

得子之喜

五百二十

一 二 三 の 五 六 七 八 九

五十八 青天隱隱有雷声　　世意之外福自生
桃花紅兮李花白　　流年得子併喪门
父屬牛　　母屬羊
廿の 神思困倦　　昏沉未醒
六十八 牧羊田畦　　進三退の
六十七 惟有廚君宸沒情　　不分踈遠不分亲
九子屬鼠　　數定

五百三十　廿八　却向空潭去釣魚　釣竿空把費躊躕

一　九子屬龍　合數

二　丙子之年　得子

三　四十八　洛陽三月遍春光　滿目繁華應接忙

四

五

六　數有六子　得以送老

七　廿七　福神當門　吉慶相尋

八　母命乙巳生　前生早定

九　卅四三　斟酌再斟酌　事可無差錯

五百四十

の十の 得子之喜

一 妻命尅馬 敖定

二 甲戌之年 得子

三 真假九子 四子送老

の 卅廿ス廿 福有基 春光何處不相宜

五 夫妻仝壬辰 前已早定

六 廿卅九 入夏未時綠陰濃 荷花初動水边風

七 一捲殘經誦未完 疎林月色坐蒲團

八 卅ご 家室康寧 官非消釋

九 九子尅兔 敖定

五百五十

一 二 三 四 五 六 七 八 九

卅八 危橋之下險难言　有藥难医命得全

父属猴　母属犬

卒卅 任是神祇总不灵　数当绝处命以頃

卅四 須之烱光日巳昇　世边景色有江村

九子属牛　前定

七十乙 断而不断幸神扶　一線之連勿强畐

母命甲寅生　数定先天

卅八 運有得失　路無常力

真假八子　五子送老

五百六十

一 二 三 の 五 六 七 八 九

辛亥之年 名當高薦

七十八口 病符未臨 祈禱未寧

玉人有刑 再娶辛酉生

罕八乂 雨滑走長途 狂風抓任傘

妻命屬乾 前定

罕の三 玉漏相催夜渡関 無端促我路艱難

貴人相傍可成家 先後兩时有好花

三の 一朝風息已乏波 坦蕩無驚過五湖

五百七十

一　二　三　の　五　六　七　八　九

十四三

栀源流水是天台　那得漁郎引入来

徒弟四人　得以送老

五十八口

風捲楊花滾绣球　棲花吹打白人頭

父属虎　母属鼠

卅四三

浮云飛过月生陰　转眼贡飛依旧明

戊寅之年　得子

四十四三

淑水有餘欢　先甲後甲總相安

五百八

十　數有九子　四子送老

一　巳卯之年　浔子

二　數有八子　得以送老

三　庚辰之年　浔子

四　父屬乾　母屬犬

五　の十の三　不費精神自有成　運未相湊喜從心

六　良人有刑　再嫁壬子生

七　十七　晨雞唱曉　行人已渡南關了

八　父命丙午生　數定

九　廿八　造事有成　笑容初精

五百九十

一　二　三　〤　五　〦　七　八　九

十〤〥　十廿〩　〤十〤〥　廿〨〧　廿〤〥

甲寅之年　名当高薦
尋花問柳　及時行樂約相知
數有五子　得以送老
明明白白　恨被他人引麻寒
夫妻全乙亥　前定
佈蠶濃雲雨欲收　霎時風捲日光浮
父屬鼠　母屬羊
大耗死兇事不然　太陽相與得相安
竹苞松茂　家門之慶

六百零 一 二 三 四 五 六 七 八 九

五千四三
春意工眉稍
教有九子
当有四母之称

廿八四
天心不順
壬午之年

十七
福祿相與
夫大三十一年

五千八四
山勢嵯峨未可行
主人有刑

東君又見招
八子送老
前定
未可圖謀
得子
事從人造
前定
斷橋阻絕過來人
再娶戊午生

六百一十

卅九 禍生援踵解神扶　事在危疑可進圖

一 數有六子　五子送老

二 四十二 外事紏纏内指摘　東風未及先消息

三 父屬牛　母屬猴

四 卅九 猛力前進　小有阻而慈向

五 壽數當有七旬外　中間一缺數难逃

六 廿六 有得必不為　机会自相催

七 真假六子　得以送老

八 四十二 安步馳驅　春風環繞綠楊堤

九 兄弟八人　楚秦不同盟

六百二十

一 二 三 の 五 六 七 八 九

妻当出家

数定

六十八歲
总有黃金買不来
數当絶處实哀哉

卅八歲
歧路久陰晴
行人費所思

四十二
紅日三竿陰氣消
路当绝處有仙橋

數有十子
八子送老

命内帶刑孤
須傷弟七夫

卅の三
精思退榮
亦难消息

弟死非命
數中不幸

十八口
綠竹蕭蕭嫩色叢
庭前拂拂有陰濃

六百三十

一二三の五六七八九

五子居席　數定

辛三の　妾意山花似可採　高低多少屬艰难

继居長生老　中年不聚財

父居羊　母居虎

の十二　突患時時悔有侵　幸而得個吉星臨

五十八　知心相托可休肩　不用憂煩向往年

兔見出穴燦霜光　東君正好向行藏

六百四十

一 二 三 の 五 六 七 八 九

五十二 廿八 六十一 卅の三 七十九 四十九

父屬羊

秋來無事可安排
二十七八母當亡
花事清明遍錦叢
乙酉之年
教尽將來不可廻
浮子之喜
早起夜眠

母屬乾

好向前山鋤草來
泪染麻衣痛斷腸
眼前無物不東風
浮子
遊寬早已入黃泉
未有安閒

六百五十

一　二　三　四　五　六　七　八　九

父属猴　　母属雞

廿卅九　念九三十母当终　　要得相逢若夢中

五十二　忽有波涛沸若惊　　舟人切莫往前行

戊子之年　　得子

四十四三　一雲飛去一雲來　　日影依稀閑不閑

五十八七　險阻之处有相倚　　雖是顛連不用憂

四十八七　中秋月出　　得以意时節

月孛当頭奈若何　　相連尅子命刑孤

母子两乖离　　于情大不宜

首六十

一 十六廿 入于穀中 游于穀外

二 良人有刑 再嫁乙卯生

三 徒弟二人 得以送老

四 五十八 天賜貞祥納慶多 花前月下得高歌

五 母命戊子生 數定

六 卅八 欲進不能前 反自見勾連

七 八子屬豬 前定

八

九 十二 骨肉关亲福不窮 淚痕染处杜鵑紅

一百七十

一　卅七八　夢見池塘芳草生　詩人得句貴長吟

二　八子居羊　數定

三　二十一二　洞府有長妻　幽然過絕塵

四　鑿池養魚　会有變化

五　良人有刑　再臨辛丑生

六　四十七八　鵲噪与稿鳴　吉凶兩有凴

七　兄弟十二人　樂奏已般音

八

九　真假十子　五子送老

六百八十

一 父居乾 母居猪
二 大小無不宜 春光正及時
卅九 四十
三 徒弟三人 得以送老
の 辛卯之年 得子
五 盼前傾後 掙过無咎
の十六日
六 葛藤斬尽自然通 先後前程適不同
五十二
七 兄弟十三人 中斷惜离群
八 夫命居馬 數定
九 師命居龍 先天已定

六百九十

一 二 三 四 五 六 七 八 九

八子屬犬　前定

五十九卒　牡丹開處是精神　錦繡裝成富貴春

四十九卒　如何復如何　前有山崗後有坡

身出填房　教中已定

五十四 三　死魚得水　未慊所怀

甲午之年　得子

八十九卒　笑來從前总是夢　今朝長別待何如

七百

零　五十八　彈得凄凉不忍聞　那堪絃斷更傷情

一

二　卅八乂　妻風送入戶门来　和氣揚揚事得偕

三　父屬兎　母屬猴

の

五　八子屬雞　合數

六　廿卅九　知己相托　造事有功

七　良人有刑　再嫁巳亥生

八　十八乂　喜而不喜　明月有盈虧

九　廿卅九　憂切關心事不幽　其年喪父披麻現

七百一十

一　數中屬兔者　不是亲生子

二　巳亥之年　得子

三　九十八口　享福安寧得自然　何須多事學神仙

四　數有八子　六子送老

五　卅四十九　吉凶既自明　何須造次行

六　凶中有吉不須言　花再開時月再圓

七　戊戌之年　得子

八　卅二　小盈大虧　得少失多

九

七百二十

一 二 三 の 五 六 七 八 九

卄八 平乙 の十八 平石 平の三

父屬龍
母命丙寅生
瑞氣吉為祥
八子屬猴
常納貞祥可自如
火燒牛角
有餘不足自然安
壽数已終
母命乙卯生

母屬猴
前定
门庭慶有常
合数
庭前艸色正淒〻
事有可憂
人事滛容勝往年
以此而已
前定

七百三十

一　二　三　の　五　六　七　八　九

二十二　我有絲綸空羨魚　躊躇費事却成虛

父命壬寅生　前定

五十九　總有强人肆跳梁　也當福地得安康

五八　楊柳烟多不可扶　小橋曲柳得相依

爐中分造化　針鉄作生涯

五十八口　無定今有定　走向前徒向捷徑

の十八口　走過泥沙多少難　將來穩步渡関山

七百四十

一　二　三　の　五　六　七　八　九

廿の三　五十入口　廿二　　卅の九　十十九廿　　十入四

吉星高照
山高水又深
三月春光拂牡丹
壬寅之年
凤夜雪月人情重
雨正開時凤色低
徒弟の人
初陽出林外
九子屬馬

當年大笑
行人到此止迷魂
華然開遍一句欄
得子
揮洒星殘却似泥
寥寥落落得堅牢
得以送老
曙色照華堂
合數

七百五十

父居犬　母居羊

一　の十八七　有意得來無意失　美來得失空勞力

二

三　廿一　禍深福淺　凶曜相將

の

五　卅八四　牽動有常　未至蹉跎

六　艮人有刑　再嫁丙午生

七　の十二　紫微普照　行見超廷之賀

八　九十　流年不幸有刑傷　洒向西風淚幾行

九　の十の三　連年啾唧　不識清明寒食

七百六十

一　二　三　の　五　六　七　八　九

卌〤口
酉戌之年
事有未合

会看連捷
等待消息

卌の三
掙過崎嶇
夫命馬猴

前路盤桓不一般
合數

廿卌九
楊眉吐氣
乙巳之年

縱横如意
淂子

卌の三
勿以風光比去年

去年不比是今年

七百七十 のテの彡 乘風破浪 氣意揚揚

一 玉人有刑 再娶庚申生

二 兄弟七人 同父各母生

三 のナ二 昭光普照 主賓長笑

の 徒弟五人 淂以送老

五 卅ス 欢樂無極 毫不費力

六 七ナこ 風吹灯光暗又明 搖搖無定影縱橫

七 數有四子 送老只三

八 五テの彡 黃金左右隨人 勃然大發

九 父屬馬 母屬鬼

七百八十

艮人有刑　再嫁丙戌生

一　廿の三　大運分明就緒來　祗因人事得徘徊

二　夫妻全壬子　數定姻緣

三　の十一二　向名兼与利　兩事均未遂

の　の十の三　一貼消凉藥　煩換多消却

五

六　父属犬　母屬龍

七　卅八四　錦綉紅粧巛簇之新　高堂燭熳足榮華

八　五十の三　流年刑骨肉　有哭泣之悲

九

七百九十

一 二 三 の 五 〤 七 ㄟ 九

の十の三 至友告匱 九子屬猪 人情如踤 數定

五十八乂 東边繞滑弥縫 五人有刑 西边頃倒相沖 再娶壬戌生

〤十二 通其淤塞 川流不息

此年得子 喜上眉尖

の十八ロ 兄弟十二人 分父各母生

八百零

一 二 三 四 五 六 七 八 九

平入中 中心揺揺
忙無歸着

母命乙未生
前定

平入口 莫嫌禍有胎
只因人事有徘徊

玉人有刑
再娶丁巳生

四平八七 投竿東海數年勞
一旦無心釣巨鰲

平平九 高墻外有窺
重門深鎖仍耗財

父居兎
母居乾

八百一十

一 五十二 天氣寒冷漸逼人 只因高閣最相親

二 戊申之年 浮子

三 卅九の十 時逢大有 内外吉慶

の 十の三 月到中天夜夜圓 雲生霧障恨無端

五 廿二 運限未逢時 進退有憂疑

六 卅九の十 彷徨多日恨東君 消息依稀未得音

七 良人有刑 再嫁丁酉生

八 十八廿 芳草拂春風 庭前嫩綠叢

九

八百二十

	の十二	數當絕處	萬事總成空
一	廿三の	楊柳風前最可人	迷霧烟雨損柔枝
二	七十三の	應當得子	
三	廿八七	卅堂容易	事有克濟
の		六子屬雞	數定
五	廿卅九	循分而動	動莫不妥
六		良人有刑	再踰甲寅生
七	十八七	新筍園中已破苔	枝稍拂拂掃樓台
八			
九	七十二	日日開懷喜笑容	有死人事得相從

八百三十

卅二 去日無多來日多 壯年及早作良圖

一 卅八七 趁風江上片帆開 雲影飛逢顛倒回

二 當有八母之孫 前定

三 徒弟六人 得以送老

四 卅八〤 托個知心反被猜 其年勾引是非來

五 數中兩配者 不是親生子

六 四十八〤 大小無常 福從人造

七 夫大三十六年 前定

八 卅二 雙眉開展 運之相扶

九 七十〡〣 紅鸞照命 應誤得子

八百四十

一 二 三 の 五 ハ 七 八 九

の十九早九 鷄撲其河 前程事可誇

十の三 富貴千鍾作錦肴 煥然五色遍長安

父木毋水妻火生 量天尺上对耒真

七十九午九 晚色五雲高 華誕甚壽朹

運際事非常 春光到处香

廿二 數有十一子 六子送老

の十二 解悲腸之結 春風吹柳絮

五十の三 到此數已停 老天早已安排定

八百五十

一 二 三 の 五 六 七 八 九

十九廿　頻頻遇吉祥　小限不如常

の十三の三　僕從如雲富可誇　春風吹拂牡丹花

父命庚申生　數定

五十二　撇之不得去之难　荆棘絆羅衫

本身出家　前定

父属牛　母属猪

卌二　肥馬輕裘　富足無憂

八百六十

一 二 四 の 五 六 七 八 九

廿ス9 和氣叶貞祥 家丁慶有常

乙卯之年 淂子

五十八七 原来真藥真鋪多 禍患無侵事可圖

宀辛九 輕舟不量有波涛 眼見狂風夜夜号

十八七 小樹凋零奈若何 只餘顛倒泪滂沱

父屬兔 母屬猪

宀十の三 巴淂高高上一重 会看錦色不相同

兄弟金土生 此剋方准

八百七十

一 の十八四 福曜正當年 腰纏千萬錢

二 辛未之年 名高先唱

三 十九廿九 静中有動 好花風送

の 兄弟十人 樂奏几般音

五 七十八七 凶自凶兮 吉凶何必分明說

六 十一二 萱艸有刑傷 十一二歲卯當亡

七 四十九七十 挑灯增油 啓之又明

八 の十三の 財源有損主非灾 陰鬼相欺伏禍胎

九 夫妻全甲寅 数定

八百八十

一 玉人有刑　再娶癸丑生

二 五十三の 相逢有喜顏　人在杏花天

三 の十スト 若遠若近　依稀行往

の 夫妻仝庚戌　前定

五 十三の 今日天晴見太陽　吉神相並福星臨

六 父屬猴　母屬羊

七 五十二 時乎順而時乎逆　順逆難期料不出

八 數逢十九二十歲　父命必先傾

九 五十九 遠人却有寄來書　明說今年事有餘

八百九十

一　二　三　の　五　六　七　八　九

五子居兒　數定

卄ㄨ〤

勉力支持一里程　故人相見話其真

數逢十一二　棲樹已傾頹

卅八ㄨ

時乖事〻差　風色落梅花

の十八ㄨ

疑假疑真衆恨人　終朝躑躅渾風塵

丁巳之年　淂子

の十〤二

不足時有　料难遂意

數有九子　七子送老

九百零

一 二 三 の 五 六 七 八 九

父命已亥生　　數定

五十六廿　春風和些　　物饒生趣

五十九十　暮誦朝吟　　唱和昇平之曲

卅六廿　秋雲不雨日色陰　　大小無端晦自侵

夫妻合辛巳　　前定

廿卅九　凶神挺刄　　小心在意

父屬猴　　母屬猪

廿二　苦吟日夜費精神　　一朝機関運自亨

喪服相干尅老棲　　十五六歲定刑傷

九百一十

一　卄ス4
歌舞春風
樂意相從

二
數中屬羊者
不是亲生子

三　一十ス口
浮子之喜

の

五
九子屬猴
數定

六　卅の十九
憂煩既轉為欢樂
夢境昏迷今始覺

七
夫妻全壬申
數中前定

八　卄ス4
際会其年
事多就緒

九　の十八
物聚有常
怡然自樂

九百二十

一　二　三　四　五　六　七　八　九

七八
孝服交加　狂風驟雨打梨花

十九 廿九
消磨十五　克復十九

父属馬　母属兔

四十 四十四
是非縱有外来多　蒂固根深奈若何

四十二
此日福星臨　不比当年悔及身

兄弟十人　各母所生

五十 五十九
惆悵復惆悵　将来運轉人無恙

九百三十

一　徒弟一人　送汝歸西

二　五十九　黃昏不辦　旅人歧路苦為情

三　四十九　大運循環　春風送暖

四　十四　喪服相侵魁萱堂　十三四步定刑傷

五　四十二　留連客邸雨淹沉　待得晴明趁早行

六　巳未之年　得子

七　廿四　吉曜相扶　人情和暢

八　良人有刑　再臨丁巳生

九　兄弟十人　秦楚不同盟

九百四十

一　長子屬牛　前定

二

三　辛酉之年　淂子

の　辛丑九　辛丑　曲〻山崗路已通　人家掩映鳥声中

五　夫妻仝癸酉　前定

六　妻当活爲　緣薄不相宜

七　父屬牛　母屬犬

八　の十入丑　無端百舌鬧枝頭　喚醒春眠人倚樓

九　十入丑　早見有刑　十五六歲喪萱堂

九百五十

一	十廿九	事得其偶　身当奔走
二		真假五子　四子送老
三	卅乂口	翠幙遮天　習習風猶未定
四	廿二二	穷途寂寞之中　遇着有情之友
五	の十の三	年来事業慢追求　聚散交加不用憂
六	十乂口	楊花似白毡　鋪遍在庭前
七		父命庚戌生　数定
八	廿卅九	金銭遍地花俐好　無限光陰有客来
九		九子居大　数定

九百六十

一 二 三 の 五 六 七 八 九

九子居鷄 數定

卄の三 藕斷絲連 事有然而未然

良人有刑 再臨乙丑生

九十 朦朦朧朧 山色有無中

父居兔 母居羊

の十の三 物得其情事得理 春風会見生瓊李

可惜命乖 早年喪夫

卄五四 數有八子 四子送老

十八七 北堂萱艸被霜欺 十七八歲有防

九百七十

一 九子居羊　數定

二 千里姻緣容易授　豈知一旦会鳶筹

三 （五十の三）浮子之喜

の （十の三）曉炯凝彩映華堂　錦繡輝煌福有常

五 數有九子　五子送老

六 推到祿官數已極　一品公侯貴無敵

七 十九二十運乖違　萱艸經霜命已危

八 母命丙辰生　數定先天

九

九百八十

一 二 三 の 五 六 七 八 九

九子居兌
數定

卅の三
年未得失恨無憑
十事謀未九未成

五千九
天色高低密佈云
半疑陰雨半疑晴

五千四
夜誤得子

卅の三
黃稿之柔最無情
牽惹出神事不寧

長子居巽
數定

兄弟七人
樂奏几般音

九百九十

一 二 三 四 五 六 七 八 九

艮人有刑　再嫁丙辰生

廿九卅九　順逆难尽知　湊合貴騎獅

父属馬　母属猪

卅八卅七　数定得子

五十六五十四　氣運高強　財利得〻意外

夫大二十七年　前定

卅四卅三　无禍无殃福自然　春風颠倒好花前

五十一五十二　氣運相逢　財源遂意

六十八六十七　枯枝得氣復開花　錦綉補張賽晚霞

巽數

七千

零、　玉堂金馬　仙品無双

一　七千の三　探入虎穴　終得虎子

二　早千入日　利見大人　賜我世祿

三　丑命丁酉生　前定

四　卅七　工林花吐千家錦　粧閣梅開萬樹華

五　夫小十二年　定數

六　卅の三　只道子規啼了　誰知在隔林喧

七

八　の十八七　越国有鳥飛過楚　忽然無事也関心

九

干

一　二　三　の　五　六　七　八　九

卅九卅の十　登高切莫頻回首　只想天南有白雲

二十九卅九　東方既白　紅日在東昇

十ㄨ口　雷声震彩里　風急雨淋漓

父亡丙丁年　合數

兄弟十三人　樂奏几般音

の十二　一節打通名利塞　劍光直射斗牛宮

妻大十九年　前定

子死非命　數中已定

雁行五位　巨數天然

二十

一 二 三 の 五 六 七 八 九

二十の三

十の三

花色不紅因久雨　月華都為白雲遮

散沃浮子

老樣先被風吹折　白地凄涼奈若何

夫小十一年　散定

能調爽味珍羞美　善治辛香希饌鮮

孔懷緣淺　孤鴻漻漻过南樓

毋命丙子生　先天已定

三子屬鼠　前定

三十

一　二　三　の　五　六　七　八　九

梔花帶蕊　必主多情

半遭風雨楊花舞　穩是平生在晚年

の十八〆　驥奔絕塵未遇孫陽　一遇秋風名傳天下

八十二　澗畔長松　偏耐雪風

の十〆口　花紅葉茂　更逢春色增妍

二十卅几　中天日色　無限江山氣象

三十〆口　謀事克諧　福自天來

四十

一 二 三 の 五 六 七 八 九

十〤口

六十〤十九

の十二

御酒先嘗　三百名中第一人

月明尚被雲遮掩　樹靜廻愁風未寧

風掃將雲去　明月正光輝

福星來臨也　菱花絕点塵

太子居帝　數定

望桂蟾宮遠　求珠海水深

托基之厚　可與守成

五十

九 八 七 六 五 四 三 二 一

四十八四
四十九四十

弦斷再續　定是兩度姻緣
吉星拱照　華閣呈祥
鵾鵬展翅　秋風九萬程
入贅成婚承異姓　數中前定已先知
數內此命當承繼　娶得佳人是過房
其人口快　心腸寬照
四十九四十
陽氣方外昧未明　潛龍勿用有憂容
十八乂
陽谷春光　萬物生輝

六十

一 二 三 の 五 六 七 八 九

十子居火　准數

休嗟平生榮辱事　晚年風流逸興高

四子居巛　前定

六十八　淂子

卌命丁丑生　前定

二十三　寂寞花陰听晚鍾　衾寒枕冷度時光

洞房無鎖鑰　端的一闲人

の十八　五利四福　黍積盈倉

七十

一 二 三 四 五 六 七 八 九

黃金化作塵　　中運受艱辛

四十二　麟鳳呈祥　　月下文吟

二十七八　天福吉昌　　頗得安寧

十一子屬木　　合數

三十七八　千里之財　　自然而得

六十九七十九　風吹雲散月光明　　枯木花開滿戶庭

二十二　得吉宜逢貴　　必龍已出淵

六十八七十八　前程後得　　明月重開

勿以生女相嫌　　數中原來無子

一
我身本是重名女
嫁得夫君二姓郎

二
亲生之子皆成憂
别姓之人可送终

三
行藏不是小規模
自有秋风折桂花

四

五
妻小十二年
数定

六
卅八七
已出塵泥迹
声名利四方

七

八
卅四三
自朝至暮
漸將饒富

九
廿八七
墨巷潛修
朱衣点頭

九十

一　桑梓青松栢成林　經營之業晚堪誇

二　の十〣の　堆金積穀　更多珠玉

三　の十一二　鸞鏡生塵暗裡多　要明須是再重磨

の

五

六　の十〤〥　龍見于田　身應手上

七　一松獨秀挺然生　别無枝梗葉凋零

八

九　廿一二　工苑之花　開遇春風

一百零

一　二　三　の　五　六　七　八　九

二千八七

雲色輕清　景物晴明

夫小九年　數定姻緣

父命丙子生　前定

卅卅夕丹

魚竿謾道絲綸弱　釣得金鱗已上鈎

閨門深似海　迥不染塵埃

三千の三

步履無妨　先憂後昌

の千の三

灼灼杏花紅十里　皇都春色好風光

一百一十

十 一 二 三 の 五 六 七 八 九

卅の三 莫道西湖好 亦有崎嶇路

の十六口 允利久福 神謀鬼辱

十八〤 憂且不成憂 憂裡暖盈眉

卅八七 寒梅澗壑鳥爭啄 鸞鶴打下風前語

の十の十九 事重關鎖 進退未可

の十の十九 似醉還非醒 沉沉迷惘時

百二十

一　二　三　の　五　六　七　八　九

早の三　濃霜遭夜西風　昔壓一枝萱

聘妻未識其面　先已西去

二十 卅九　花開遭雨洗　月上被雲遮

卅 の三　轟雷風急莫行舟　躍馬澶溪到豫州

卅 八七　有意花須謝　無心柳作陰

早の三　天霽彩云成　花飄蕊影多

二十 卅九　茅芦淨掃無塵跡　蘭蕙清風共自迷

一百三十

一 採持中饋 相夫而相子

二 罕八乂 霹靂一声雷雨至 龍飛鳳舞降貞祥

三 二十 大口 花開正是陽和月 只恐天寒風雨多

四

五

六 孚八乂 火入寶山 湧出資財

七

八 孚八乂 燕子呢喃 秋巢重引子

九 卅 大月 運有吾泰 月有朦朧

一百四十

一　二　三　四　五　六　七　八　九

次妻属土　合數

閨德雍二　家門迪吉

夫小四年　緣定

十九廿　春風滿面　偏舟正好行

妻大二年　准數

五十二　英雄際会　正直好春時候

十八　浮子之喜

七十二　今朝撒手歸塵綱　長嘯一声歸白雲

一百五十

一 二 三 四 五 六 七 八 九

美貌佳人 粧奩未有隨嫁

六十七 南柯夢入華胥國 人憶英雄談話中

妻命屬犬 數定

四十八 籐羅纏樹覓微笑 浮云掩日待時來

父大母至妻屬水 合着此數

妻小十一年 註定

桂子飄香 云深雁独飛

四十八 上下皆同調 風云際會時

一百六十

一 二 三 の 五 六 七 八 九

十八乂

孑八乂

孑千叫三

妻命庚辰生
坤人乞姊妹
終日花街走
花開遭雨打
老樓已作遊仙夢
姑命屬羊
游魂渺〻歸何處

註定先天
深閨獨綉足堪誇
常隨几個朋
月缺被云遮
抱恨終天數不齊
定數
遺業將来付後人

百七
十

一 二 三 の 五 六 七 八 九

卌九 中饋已亡 憂悶自傷
卌九 雨水初收日色紅 梅花香裡送春風

廿九 知進当知退 居安且慮危
卌九 三雁高飛成品字 數声嘹嚦過南楼

廿五 小春梅蕊綻 暖閣新粧爍
四十三 画乾添足 官訟羈身

一百八十

一 二 三 の 五 六 七 八 九

二十ㄨ口 密蜂无過蜘蛛網 虽不傷身有一驚

二十の三 傷心草色連天白 一曲琴声鳳憶凰

三十八ㄨ 不道流年尚未逢 三春花柳遇三冬

鴛鴦重疊 花落又花殘

三十八ㄨ 安靜宜無咎 思求便有灾

の十一二 丹桂飄香月正華 鹿鳴宴上獨簪花

十の三 淺淺梨花月 飄飄柳絮風

一百九十　の子九　莫愁眼下事遲遲　借力輕輕轉運時

一　日十の三　卅色連天白　殘花滿地愁

二　身出偏房　數中已定

三　飄飄金風吹玉露　一雙雁宿蓼花汀

の　卅四　日望滄江　雙流止渺茫

五

六　の子九　一番思慮一番憂　欲得休時未得休

七　六子屬鼠　前定

八

九　生子多來留得少　存個明珠無價寶

二百零

一二三の五六七八九

の十八 陰晴有不分 心中事不明

卅の三 好花開得錦叢叢 日暖晴和樂意濃

結成詩書器 八卦未能知

妻小十年 註定姻緣

廿の三 春深顏色好 桃李滿皇都

毋命戊寅生 前定

ロ十タ スロ 大數未能逃 歸西別有天

二百一十

一 二 三 四 五 六 七 八 九

四十三　東裝西去　不復回歸

夫小五年　合數

四十八　筆陣倒蛟龍　騰云上九重

事業經綸　利濟蒼生

早歲顛連　中期安享

姻緣非一度　佳期重又重

二子送老　不亞徐卿之後

四十九 四十九　華岳星辰動　海棠帶雨飛

結髮夫妻金水剋　再娶猴屬正相宜

二百二十

一 二 三 の 五 六 七 八 九

父水母金妻土生　此刹生人刹家真

父命丁丑生　註定

五十 五十九　皇都春暖風和日　紫閣腰金奏九重

二十 卅九　作善有餘慶　不善有餘殃

卅 ㄨ口　泪流粉面花含雨　塵染娥眉柳帶烟

廿 卅九　僧公說法　奇石点頭

二百三十

一 二 三 の 五 六 七 八 九

卅の三 淺水藏魚 未遂悠遊性

の十九 日坐焚香靜 身心兩自安

卅十九 時逢暖日晷和平 人物光華地澤灵

牛女星未渡 銀河波浪生

紫金開五葉 田氏後庭花

休嗟眼下凄涼日 晚景榮華氣象高

卅の三 閒中福祉 納慶有餘

二百四十

一 二 三 〤 五 六 七 八 九

木年多乖結髮妻　屠龍再配正相宜

五十八乂　花色薰人面　東風吹短衣

卅〤三　運限當亨　輻湊黃金

六十〤三　子規啼散三更月　一夢南柯去不还

十六廿　哀哉〻〻　北堂萱草早沉埋

生來未識佳人面　死後無人哭青天

〤千〤三　日出祥雲簇錦霞　圖画江山百萬家

千八廿　劝君休放舟　風浪混江頭

二百五十

一　柔情只作三更夢　骨肉如同一片氷

二　若欲問名　不如問利

三　卌四十九　自恐無不愁　不問也成功

〇　兩朵奇花肉苑鮮　一双姊妹並頭連

五　木歲逢亡父　逢金母別離

六　卌四十九　千里江山千里雲　轉身抌未太陽外

七

八　小運交四八　中年福更奇

九

二百八十
一 二 三 四 五 六 七 八 九

六十二

妻小九年　前定

妻命乙酉生　前定

生來未識妻　到老無兒女

乍敬乍合　浮云过月

夫小八年　前定

兎啣書到黄金屋　萬里鵬程羽翅忙

夫妻仝丁酉　註定

二百七十

一 二 三 の 五 六 七 八 九

離祖成家　半世未能安

の千九　黄金有餘　光風霽月

卅二　桑庭变憂煎　快心泉不足

二六之年　刑傷父

卅八　恩澤從天降　風云際会時

卅九 の千　秋月与春花　光輝景色華

の千の三　惟恵日長花正開　誰知風急又云生

父命辛丑生　数定

二百八十

一 二 三 の 五 六 七 八 九

五十ㄨ口
風捲荷珠
去而復聚

の十の三
好風一夜送扁舟
倏忽征帆達水流

卅ㄨ口
三春花柳
却被晚風吹

妻宮大小能偕老
子息遲招方免刑

の十口十九
轄雷凍散後
利物總安康

佛向西天叩
清閒便是仙

二百九十

一二三四五六七八九

十二子属火　合数

五千〤〥　扁舟一葉鴻毛小　吩咐舟人扺舵牢

廿八〤　山野草烟青　桃林午日红

四千〤〇　金榜書名多得意　天恩雨露九霄来

廿二　凨生浪不靜　未易試洪濤

若向前程通達事　夕陽影裏採仙桃

金枝玉葉　前定之數

三百零

一 二 三 四 五 六 七 八 九

卌三

十四子屬木
三枝姊妹花
幼年運限共樂
掃開雲里烱霞
母命壬申生
花開庭院多枝蘂

合數
一紅一白一含芽
後運交來福貴奇
放出蟾光皎月
數定
後長新芽有若多

三百壹拾

一 二 三 四 五 六 七 八 九

四雁同行　吴越蕭湘

五十四三　風吹雲散月　枯木花開滿戶庭

四十二一　楊柳被烟迷　愁情心事牽

卅六四　綽綽利元亨　西南慶自生

全憑陰德存終始　竹伴松向栢子糸

命犯刑妻十一離　正逢歸哨再相宜

三百二十

一 二 三 の 五 六 七 八 九

母命辛丑生　註定

の十二　流年鵶鵲並噪　報吉談凶誰是

三十二　雪壓關山慘不堪　朔風吹得白人頭

兄弟四人　孜定

の十七　古鏡重磨　事始安然

淺水藏頭屈未伸　冰心豈肯降凡鱗

口十九十　風促月輪歸海島　云迷日色入山林

三百三十

一 二 三 の 五 六 七 八 九

父土母金妻是木　方合此數

不為天下奇男子　定做人間美丈夫

妻小八年　註定

五十千九　上天重佑　吉慶相扶

數到秋季　有阻

二十の三　梔天色嫩　和風麗日錦叢々

不十の三　魚蝦北海過　海水变桑田

三百四十

一 二 三 の 五 六 七 八 九

嬌姿空長茅屋下　雖得陽和雨露恩

滿堂半子送天連年　嬌娃膝下少班斕

六十 六十九　七十古稀君尚欠　如何憶却採菱郎

十 廿九　芝蘭正秀忽凄二　風雨淋漓春色稀

の十の三　命逢淹蹇　運未亨通

一 二　虽不知憂　孝服焉能得免

迎过三十六　再向妻与子

輪墨秋米滿腹文章　少年窓下失後榮昌

三百五十

一 麟子是奇生 天宮發貴人

二 二十 卅九 自是清明好天氣 一番雨過倍精神

三 巧雲西北起 三雁嶺南飛

四 五十 の三 其年當有災 禍患恐飛來

五 溫存慈善 凡庶無怨

六 早年秋夜雲遮月 財如深春緊逐風

七 十 の三 金粟流出花後來 蕙蘭吐秀被風殘

八 二十 五 進步悔星多不足 危前奇後有春風

九 二十 六 喜事和同 行當順境

一　二　三　の　五　六　七　八　九

六十八乂
自牖看天心
咫尺天顏近

廿の三
點燭當風
愈流紅淚

夫山三年
前定

四十九 四十
一登平地穩
從此少風波

登淵探珠入山尋玉
始歷艱辛終成厚祿

性氣溫和
口不言而心覓

の十〤卄
沖天鵬雀
一飛千里過然高

三百七十

一二三の五六七八九

五千八十　玉人有刑　再娶乙丑生

枝籠烟露曉菲微　花朵芬芳寒色稀

三千八　青龍鮮光照　喜事重重到

五千八百　前樹桃李成溪　白白紅紅顏色鮮

卅二　一朵灯花報喜來　好携云雨到陽台

若欲求男並問女　全憑陰德到好施為

以納粟而成名　得後人之繼述

三百八十

一 二 三 四 五 六 七 八 九

二十研 二十八攵 六十八攵 二十八攵

青龍得位 喜事重重

柳眉花妍 正是好春時候

晚年枝桂庭前茂 几許煌煌焰玉堂

一年两逢湯餅会 双双捧出掌中珠

家是後园桃李異 玉堂金馬在店頭

十五子屬金 合數

困穷無奈 椎才未肯賣金刀

父木母水妻火生 此刻生人对得真

三百九十

一　二　三　四　五　六　七　八　九

四十二　福合神謀　化小而成大

二十八　欢娱只怪春宵短　一夢南柯去不來

十四三　樹得根深　不怕當年風雨

五十四三　凡事宜求緩　廿方目下憂

五十四三　半夜風云掩月明　五更云散滿天星

五十八四　年來心事不安寧　將廿作有度光華

四百零

一 二 三 の 五 六 七 八 九

の十の三

伴侶遠隨云憂去　蜀人愁工洞庭舡
命與僧道相同　其妻豈非天數
皇恩世襲　帝室宗直

卅の三

身居內苑　掌握皇宮
寵握普施人物阜　人間有口誦昇平
黃昏月裡猿聲切　微雨沾衣暗裡愁

卅二

喜事重重進　洞房花燭新

四百一十

一　二　三　の　五　六　七　八　九

一　七十八　安然有慶　福祿綿綿

二　卅八　搖搖不動風敲竹　憐憐芳顏雨打花

三　の十八　楊花如雪　三年泣血守庭幃

の　玉人有刑　再娶乙巳生

五　二十二　名花景在愁中过　枉却東風燕子飛

七　清風酒一壺　海内光華遍

八　命犯出继　數中早定

九　の十の　命有紅鸞迎　財喜得双全

四百二十

一 二 三 四 五 六 七 八 九

紫綬金章舞蹈名揚　天恩滿袖画棟雕梁

四千八〤　吉人相助力　何事不光亨

五千千九　惆悵既多　刼神相併

妻山七年　註定

十四三　花外鳥声啼　春田艸色萋

六千一二　輿脫其輻　未能長驅

四百三十

一 二 三 の 五 六 七 八 九

削髮做尼姑　當年沒奈何

桑有寄生虫有螟蛉　誰人種德晚有徐卿

誰是知心友　明月清風是伴侶

鑿井得泉　先勞後逸

數完　事畢

卅八

一片小寄語　須防反覆時

六十二

相逢大歡　子規啼歷淒涼月

四百四十

一　二　三　の　五　六　七　八　九

の六十四

十九　廿九

二十二

卅九　の十

四久

忽達惟心淨土　了然本性彌陀

驥奔絕塵向無知已　幸遇孫楊扁呻龍吟

旭日出林　萬里山河物色新

財源無思滾滾不息　桑榆暮景田連阡陌

夫小六年　數定

云淡月明　花開雨晴

夫招側室方偕老　子當悅渴遇奇芳

高樓出大立庭前村　巴渴前村又轉村

渡過危橋　百慮皆消

四百五十

一 劳心过早福未遲　巧中成拙是还非

二 招得金水子　合數

三 廿一乙 蜘蛛飛天工　尋花到上苑

四 廿一乙 喜鵲連声噪　家丁必定添

五 玉人有刑　再娶乙未生

六 十一乙 月下瓊花顏可看　日边紅杏影还踪

七 十丶乙 紅蓮初出水　青草怕飛霜

八 命帶孤神　剃髮修行不二人

九

四百六十

一　玉人有刑　再娶辛未生

二　廿四三　庭前喜鵲报　户内又添丁

三　四十二　秋風昨夜悲号　萱草已折

四　六十七十九　佛向西方叩　清閑大寿人

五

六　四十八七　深夜獨生死　光搖遶绛紗

七　六十七十九　瑞雪芳郊外　憂心寐寐時

八　十八七　枝頭花蕊报初長　識得清風景色佳

九　七十二　有桅当光照我身　此身已幸古稀寒

四百七十

一 二 三 の 五 六 七 八 九

玉人有刑 再娶庚辰生

莫唱天星落 回顧韓妻时

十九 蛟龍潛伏待雷声 地氣初升造化功

卅八 長江風急捲波濤 幸喜孤舟繫得牢

平の三 蹇過運還通 否極終成泰

卅四 庭前有月 何日登樓

四百八十

一　二　三　の　五　六　七　八　九

出胎便有耗星臨　半世辛勤只是貧

卅の三　黍稷盈倉　金玉滿堂

ㄗ十ㄨ十九　陽氣復來先报喜　雪窓欢暖賞紅梅

廿の三　海棠三月雨　雨洗胭脂臙

手持刀尺走諸方　線去針來日夜忙

ㄗ十八ㄨ　瑞氣靄金炉　神功造化换

四百九十

一 二 三 四 五 六 七 八 九

二子送帰　兩朶名花玉樹開

輕財好義　四海春風

四十八 前程多利坦　明月出瑤池

妻小大年　前定

財帛豐盈　托基之厚

十四三 宮中化吉　損中助益

一二 白露結珠花　東方太陽華

四十八 朱衣臨日月　終日笑呵呵

扁鵲名医　大方国手

五百零		梵宵清俗耳	貝葉斷紅塵
一	十の三	人生寡若是刑傷	此日辭君別世塵
二		小運三七	中年福更奇
三	の千の三	慱奕飲酒全無分	日夜焚香念佛緣
の		分有嫡母	生我庶母
五	廿二	一笑馬前人事好	几多風雨立魚磯
六	の千九	綉針為鉄柱	江海暗中良
七	廿の三	馬到有凤宜守望	不防順处不妨危
八	の千の三	一点陽春去復來	前途退進勿徘徊
九	卅八	鼓盆之戚	數未能免

五百一十

一 蛇居馬　蛇居龍

二 土木偶人伴我黃昏　恰逢柏葉朗誦黃庭

三 三子居金　合數

四 五十七八 好運當興　丑出荆山色愈明

五 二十卅八 理直得子

六 變格秋夜真堪羨 奔波命所訞　酌酒高歌對落暉

七 二十卅九 彩云秋夜真堪羨　遇而不遇再安排

八 二十二 履道平平　無党無頗

九 華蓋相逢必出家　晨撞暮鼓數無差

五百二十

一 二 三 の 五 六 七 八 九

一	二	三	の	五	六	七	八	九
の十の三	二十二	〤十二	口十の三		三十二			
欲作遊春計	數逢廿一二	温水松栢常茂不落	鏡破復圓	翁爲馬	福祉以康	父大母堂妻居少		
乾坤雲霧迷	母氏必傾危	鸞凰所棲得其欢悅	光明不滅	狐爲軛	無日不足	方合准數		

五百三十

一 毋恼私欲 子不能强
二 夫妻當當别 注定
三
四 燕子于飛春晝長 人事以花正茂芳
五 卅二 鳳流逸與少年場 更多春酒野花香
六 四十八 十事謀為九事空 一心西去不還東
七 梅子墮金風 不見釵頭鳳
八 妻少十五年 數定
九 少年磨鍊有操持 勤儉持身人不知

五百四十

一	の十ㄨㄐ	高飛遠舉	謀事得濟
二		靈椿先被風吹折	萱草秋風晚節堅
三	の十ㄨㄐ	路逢羊腸	得個仙人來主張
の		室中起干戈	夫妻兩不和
五	二十ㄨㄐ	憂患多消却	欣与樂為鄰
ㄨ	二十の三	一日晴明一日陰	半為風雨半陽和
七	二十の三	念三四歲母當亡	泪染麻衣痛斷腸
八	の十ㄨㄐ	一步一回頭	步步須存性
九		身在山中無俗事	懶得蹤跡入紅塵

五百五十

一 二 三 の 五 六 七 八 九

五十の三 急々巳々巳到今 不悉生死只悉貧

の十八〤 心安平靜地 忘世事平論

廿の十九 進退多沉吟 心疑事未寧

不辭辛苦勤中饋 那憚心勞日夜忙

夫小二年 前定

廿の三 礼佛看經及坐禪 米飯燈燭且隨緣

廿八〤 工苑春花仔細看 焼人心目遍長安

四十の三 錦江春色 佳景十分

六十二 命該絕処 大數未能延

五百六十

一　二　三　の　五　六　七　八　九

一　長齋礼佛前　早登菩隄所

二　此数原来不寿長　好花霜壓未朝陽

三　命有土金子　合数

の　六千二　子規啼血　衰服連綿

五　七千八　夕陽下西林　大数未能逃

六　君家若問前程事　工苑花開別樣紅

七　卅千九　東園飲酒西園醉　南陌花開北陌紅

八　六千八　搖〻不定風敲竹　慘〻無顏雨打花

九

五百第十

一 二 三 四 五 六 七 八 九

六十七十九 金童接引 堯往西方

二十八 仙曲何人和 玉笛吹夜空

二十八 秦楚不睦 兵連禍結

五十八 暮年衰齡 可無風燭之憂

有小火二子 此刻方准

二十八 有疑須要決 一決早重為

二十四三 用意着棋觀士象 誰知飛炮打潑車

四十四十九 根深生五葉 同坐鹿牛車

五百八十

一　二　三　の　五　六　七　八　九

指望夫妻同到老　誰知一旦有分離

卅の三　諸佛如来　是名清凈

五十の三　竹槁走馬　隄防失足

七十千九　凤侍刻漏心何緒　月上梧桐雨露清

七十二　浮子之嵗

の十千九　千里月華明　棲鵶飛後鷲

卅二　身心不快事偏多　知已相尋送病魔

湘江烟雨波涛濶　三鴈高飛自去来

六十二　斜陽點淡清明節　杜宇啼紅枝上血

五百九十

十	卅亡	存心好善	喜捨慈悲
一		拋经史以入市纏	跨隺揚州覔萬錢
二		相夫光门楣	育子坐珊瑚
三	十非	江工月華明	棲鴉飛渡驚
の	卅亡	淂薪又無米	恍惚有驚
五		代辰之年	淂子合數
六			
七	卅亡	半路闻雷震	疑雨在前村
八	卅知	吉星来扶出	人事淂安然
九	卅代	恩曜相扶	前程淂意

六百零

一 二 三 四 五 六 七 八 九

麟兒虽沒三年乳
身居九五

二十乂口
輕風借力
女才鸞鳳真奇特
母当出嫁

の十三
西向宜求望

の十口十九
入莠花谷中

二十乂口
青山日霧障

誥命封妻我是尊
万方称賀
欢笑前程
相子荣夫發大家
數定無差
秋冬漸出運
滿目繁華仙境
绿柳条烟封

六百一十

一　卅甲九　耀祖荣宗　声名远播
二　数有三子　一子送老
三　功名不当成　書外覓黄金
四　卅入午　朝饔夕飧　乐在其中
五　枕边决正副　命有妾随身
六　平生仁德性淳淳　詞鋒文章可立身
七　招得大金子　方合此数
八
九　卅八乂　加官進禄　光耀门閭

六百二十

一　二　三　の　五　六　七　八　九

二十二
の十六四
十の三
の十八九

莫道平途
安福非常
虽然楊柳青
巫山千里遠
三十年前莫向妻
回妻財而致富
乍雨乍晴天氣

須防陷井
習而不知
恐被狂風拂
欲听鳥声遥
娶妻不死也分离
得外財而起家
年通年達時光

六百三十

一	二	三	四	五	六	七	八	九
二千四三	卅四千九	五千千九	二千卅九	廿一二	二千一乙		四千一二	三千五四
順风揚帆	有無心之得	誑定得子	龍舟争勝負	有順有逆	流年喜共憂		几番弄巧反成拙	吉曜恩扶
中流有石	亦有無心之失		数定一时名	往来無定	上得觸舟风打頭		每欲求安变作驚	福星進祿

二百四十

一 の十七 得雨要寧 福祿履增

二 夫小之年 前定

三 十九 廿九 棲庭雪盤先年 昊天罔极

の 父命先亡 終天之恨

五 七十八 巧雲西北走 一双鴻鴈噪南来

六 の十二 北窓高枕 妄動無功

七 二十二 破網捕魚兔走投之 意外之得樂尔如何

八 六十二 強用机謀 使君失利

樓台望月 高処意偏濃

九 金童接引 逕往西方

六百五十　の十の彡　幸有吉星来照户　時時福集永無灾

一　妻小五年　前定

二　三子居木　合數

三　罕三彡　水穷山尽　另闢乾坤

の　馬哺与羊鳴　文星偏照人

五　仐卄八卄　無病亦無灾　安然睡去不回来

六　卅八　浔鹿还失鹿　求名未浔名

七　千十乙　飛飛柳絮白如綿　山北山南啼杜鵑

八　一乙　喜忽不知憂　未解笑盈腮

九　好個貞良淑德　專宜勤儉成家

六百六十

一　二　三　の　五　六　七　八　九

の千乙　の十入口　十入口　二千卅九

送老無子　内侄為児

妻山の弁　前定

迍邅方弘利　欲進且遅〻

斧斤伐木作生涯　利器謀為可立家

一枕清風多睡覺　佳人报道好花開

全児陰德生慈悲　終有麟兒入夢来

園林春色　紅葉開芳菲

春光到处　便是緑楊時

助良人之財祿　納自己之安康

六百七十

一 三十乙 紅鸞加白虎 吉處變成凶

二 其年逃過 還有二十年

三 五十八乂 輝光西墮月窗寒 桃杏花紅夾竹緑

の 律法三千 彰〻了〻

五

六 十八乂 塞北朔風吼 霜雪吹春柳

七 二十八ㄐ 念五六歲事不諧 慈親永别已塵埋

八 十八ㄐ 刺繡没心情 鳥啼花落声

九 不愁衣食不愁貧 只恐中年少子孫

六百八十

一　二　三　の　五　六　七　八　九

の十の三　枝〃籠烟霧晚菲微　花朶芳芳空〃色稀

の十の三の　桃李实已無求　人多樂意

の十乙　东凤淌柳梢　西凤何太急

三十入日　堪羡天降福　大有吉星臨

二十二　不当進步且盤桓　得意之中欠喜欢

琢磨工深　方成大器

袁门吊客两無情　棲樹高坡萱草倾

姊妹三双　荣枯各别

六百九十

一 乙亥之年 得子合散

二 五十二 野艸渾芝蘭 清香依旧在

三 十二 梅蕊初開 引得福星来

四 天狗臨垣五十春 晚年得子二妻生

五 三十丑 一股搖琴絃斷却 緣須再整鼓方和

六 十八 塵滿粧台鏡 慈親早已赴瑤池

七 三十四三 際会不須多 提携互綱罗

八

九

七百零

一 二 三 四 五 六 七 八 九

卌乁
十ㄨ日
十三の
の十ㄨ八
日十一二

夫小十年
積福有慶
一番喜雨
二又之年
其年延過
逢迎好展經綸手
荊棘當大道
其年延過
其人之數

前定
不善非幸
垂柳陶芳菲
哀哀喪母
還有豐年廿五
遇險方知路路通
欲進且遲遲
還有二紀
三月壽阻

七百一十

十 一 二 三 の 五 六 七 八 九

卅九 の十

の十二

十八七

財狼当道
有名無実益
丁丑之年
掃開雲烱霾
來近貴人
癸未之年
黃花晚節桑榆景
惟愛風流得意多

却走無害
謀事又遅延
得子合數
救出一天星斗
可圖利益
生子合數
享福安閑晚福高
向花枕酒貴吟哦

一二三の五六七八九

五千九

手足拮据
棠蔺荫团真堪羡
抛经史入公门

步履营生
松筠能至晚便米
遇得貴人扶

二十八口

妻小十四年
順中帶逆
一脉相和
丙戌之年

前定
美中不足
本是双胎
生子合数

七百三十

一　口十千九　花落花開时見紅　一枝映巳粉墻東

二　二十八乂　乾龍争一室　强弱自支持

三　晚景賣花量斗斛　梅花月下奏笙歌

四　前属馬　姑属羊

五　四十二　優閒無事　載酒尋花

六　青山之外向賣金　起步艰难後有成

七　十八乂　一片花飛处　鶯啼春晝長

八　千の三　撓破扠分　花殘月缺

九　五十千九　正是豐年人快羨　不妨紅日繫長安

九　五十千九　月到中天遠不得　秋末分外有光華

七百四十

一 父当亡於庚辛年　此刻方准

二 六十六知 水入犀牛角　龍蛇出海来

三 其年延過　还有十四年

の 妻小三年　前定

五 命犯孤單夜夢多　清灯月影照床窩

六 五十六知 坐井觀天象　明知八陣圖

七 七十八化 得子之喜

八 翁屬鼠　姑屬猴

九 生来八字帶烟霞　華蓋相逢必出家

七百五十

一　二十六八乂　春花堪賞摘堪恨　纔見花開又落花

二　六十六八乂　雨過減芳菲　枝頭烟霧迷

三　二十四三　無端風雨　吹落棲枝

四　二十六八乂　得子之喜

五　四十一五十八　應當得子

六　三十四三　花開月色明　陰晴拖未分

七　十四三　嫩柳初來　淡淡霞烟濃濃雨

八　一枝一葉　二子送老

九　二十四三　無端事出尋常外　一喚相逢道路中

七百六十

一	三十八知	事不安守心未安	風波雖遇坦然看
二		巳丑之年	潟子合数
三		子死非命	数中不幸
の	卅二	事既宜謹慎	無是亦贵非
五	廿二	一陽和動候貴鐘	潟合天心困始通
六	の十八知	明月高楼上	太陽天上天
七		姊妹三人	各母所生
八		壬戌之年	潟子
九	の十八	蛟龍頭角已生成	穩掛朱衣拜紫宸

七百七十

一 十七 渭水東流又復西 舟人顛倒心抱疑

二 四千六千 荷葉疊金錢 夗夬水工眠

三 十卅九 及時梅蕊振初長 春信先來到艸堂

四 不千四三 猛虎出林 吼嘯生獰

五 二千七 灯花傳報鐘声早 富貴榮華听自然

六 四千八七 君家若向前程事 名利机關在水中

七 日千八七 守定宜無咎 謀之事括囊

八 乙丑之年 生子合數

九 日千大口 馬頭帶劍事和同 取得功名瑞氣濃

七百八十

一　の十九の十
翁属龍
幸逢青紅日

二　卅の十九
遭逢遇合前生定

三　二十八七
三月艷陽天

の

五

六　卅不口
壬辰之年
花放枝頭將结果

七　の十の三
野火自燒山

八
翁属水

九　の十八七
貽虽敬于雲霾

牯属馬
安然不用憂
破浪乘風事亦奇
融和生宇宙

得子合數
好音漸至莫蹉跎
光透九霄外
牯属土
東風漫見青天

七百九十

一 二 三 の 五 六 七 八 九

の十六十四 道路生荊棘 遑遑莫問津

六七年未美運通 成家立業事和同

十八 待時而動終成吉 强圖前往反成憂

十四の三 梔狀色嫩 和風麗日錦叢叢

の十十八 意望有行人 鷄鳴尚未然

皈依佛法 悉皆懺悔

卅八 暖律回春綠 芳艸自含烟

八百零

一　二　三　の　五　六　七　八　九

少年高向雲中隱　壯歲花開錦上花

二十七　旭日出林來　萬里江山錦色看

三十の五　玉兔与金烏　東西任往來

翁屬馬　姑屬猴

四十九四十　晦氣逼人　飛云掩却蟾蜍影

翁屬馬　姑屬犬

卅八七　鵲噪南枝　鳥報上林春色

庚子之年　生子合數

二十八四十　錦繡洛陽城　花红柳日新

八百一十

十 一 二 三 四 五 六 七 八 九

四十七 十四三 五十七 四十九四十八 七十四三

夫屬犬　前定
子門積德久流芳　千古各揚姓字芳
彼正我副　姻緣註定
青霄碧樹連云漢　靠石依岩穩坐安
南園風發　昨夜樓枝吹折
雨水初收　放出中天日色
紅梅開雪欲　先报一枝春
數误游子
雨收雲散波濤靜　一炉香謁自逍遙

八百二十

一　口十の三　積善誼迎祥　能免灾殃

二　翁属羊　牯属虎

三　二十ス口　紅蓮依水綠　白蘋靠山青

の　知音多少西江月　虎嘯龍吟再起嵐

五　必須帰依三寶　方滅無量罪孽

六　の十ス口　芙蓉掩映在秋江　儀然一朵遇秋霜

七　翁属羊　牯属龍

八　口十の三　暮鼓晨鐘　無榮無辱

九　処々花開我未未開　空生綠葉落粧台

八百三十

一 二 三 四 五 六 七 八 九

卅知

妻小二年 前定

貞節多賢哲 操持內助人

其年延過 还有九年

喜坐美玉前生冀 天降資財又得安

翁姑全屬羊 合數

江山千里外 到处可為家

妻小十三年 前定

八百四十

一 二 三 の 五 六 七 八 九

卅八七

長子屬牛 數定

融和日色麗長天 抵掌歡騰大有年

癸卯之年 浮子合數

熱心每每濟扶人 反累其身不見情

十八七

腐艸化為螢 難以分明白

夫大二年 前定

二千八千

塵掩菱花 暗中多滯

四千八千

造化逼人來 不期而自至

八百五十

一 二 三 の 五 六 七 八 九

花多子遲 敎定

十廿九 暗室偶遇灯 憂疑多解釋

廿八乂 鳥啼花落 定除憂悶

夫小小年 前定

平八乂 終日弥陀修善 蒼天長保安寧

兄弟三人 一個先傾

十廿九 到处有陽春 事事開懷爽

八百六十

一 二 三 の 五 六 七 八 九

逆見債女前生定　有藥难医病在身
六十の三　如鱼浮深水　喜曜自無穷
丙午之年　生子合教
廿八日　轻帆遇順風　欢喛急流中
五十の三　小窓昨夜荼蘼放　半掩柴扉風返開
二十九 卅九　花開却被無情雨　南柯一夢不能返
父属蛇　母属猴
卅の三　春光腹处　徧饒物色
五十八日　水穷山尽命难延　渺渺茫茫别有天
卅八日　尋花向柳　水边岸畔遇知音

八百七十

一　の千九 卆九　東边新爭起　西北又傾頽

二　癸丑之年　生子合數

三　二千の三 千の　勿坐而立　事有不測

の　其人之數　十二月有阻

五　心高性剛直　甘苦皆经歷

六　〇千九 卆千　只曰安分原無咎　終保身家の季寧

七　巳酉之年　生子合數

八　身專治澗　一生勞处有餘閑

九　其人之數　正月有阻

八百八十

一 二 三 の 五 六 七 八 九

一 卅二 口舌官非有 灾殃禍重逨
二 卅乙 花殘重再發 久隱現明珠
三 流落江湖客 風月度年華
の の十八四 鳳宿梧桐樹 雁飛芦艸依
五 の十九早 作事又成夢 紅塵却不难
六 二十二 欲度重山外 奈心未許閑
七 次妻属水 合数
八 辛亥之年 浔子合数
九 六親情愛如雲散 一要資財減半留

八百九十

一 二 三 四 五 六 七 八 九

汉妻居水

二千四三 人立瓊林叢宴樂

四千二 寉喉一声驚梦觉

五千知 欲撼高山力不加

卅二 吴越薄湘音信遠

五千五千八 三関峯拜还須立

卅八 千里月明人事好

一生人事多更变

合数

分開牛角上天梯

蒹葭風雨不成眠

根深連樹接天涯

片帆風送过萍蕪

独钓鳌魚也不难

只留鷗鷺在蒹葭

几許艰辛跡不平

九百零

一	二	三	の	五	六	七	八	九
卅八午	卆十乙			十廿九		卆千	卆十乙	
吉凶同道	花紫落花春過去	丙辰之年		凤恬浪静	翁屬羊	花開未以春光尽	大限相欺命已危	其人之数
禍福流年	哀荷敗柳夏時殘	生子合数		舟楫永驚	姑屬鷄	艸色青青別故人	六親空有淚占衣	二月有阻

九百一十

一 二 三 四 五 六 七 八 九

十八七

二十二

數有偏枯　妻当帶疾

身入空门礼法華　心無主意有徬徨

君向好姻緣　反成吳與越

未丙二旬　二八方週而喪父

兄死非命　數中不幸

春雷已有声　蟄虫從此出

子息招来成羅字　臨行胸附一双〻

一 二十ス日 憂〻疾病多 霽色被雲埋
二 の十三め 俄然睡成長夢 大親悲傷無措
三 卆十二二 現龙形不見 西北是其鄉
の 卆十八乂 淂弓忘却箭 爲用絶人才
五 七八 天狗当頭 小口有憂
六 二十乙 严霜逢烈日 須剎滅其踪
七 兄弟四人 各有生計
八 一箭自從坤地發 百花尽向午時開
九 其人之數 十月有阻

九百三十

一　七十歲　年享康寧　皇恩增厚

二　卅不四　鵪与鷺同巢　吉凶还有刑

三　子息虽有　不得其力

四　可惜戾君却早逝　過庭無訓实堪悲

五　辛未之年　得子合数

六　四十歲　淺水藏鱼　未遂優游志

七　大展经编手　施為大有功

八　借问花开结子時　芙蓉含嗳蔔芳菲

九　六十歲　貝葉翻風今日悟　却留古樹掛袈裟

九百四十

一 卅二 運未通時 但守其拙

二 廿四三 碧艸多春色 黃鸝啼好音

三 次妻屬金 方合此數

四 一十七十九 暮際飛螢出 火星流入西

五 十入廿 青衫雙拾芥 他日御河遊

六 庚申之年 生子合數

七 心歡利名終有望 果然三五月團圓

八 卅三 方寸太不端 可使勝參樓

九 十八七 日中星斗現 天晴復又明

九百五十

一 二 三 四 五 六 七 八 九

兄弟四人　秦楚不同盟

六十八　輔翼勳功爵位重重　三槐九棘業誥三公

身作偏房　原來有數

良匠施工勞剝削　終身應許器完成

五十二　樂歲與豐年　醉飽亦無咎

卅九 四十　黎明一點東方火　進步高飛迥出羣

十八 十四　三月艷陽天　行人尚未還

龍吟虎嘯鳳翺翔　絕世之才美中文章

九百六十

子孫多栄茂　數定振家声

一　二十丶乙　此數大不祥　母當遶無果

二　〤十ス日　空憐寐寞　寧無嗟嘆之声

三　妻山一年　數定

〤　一榻青風澗石花松　承前啟後暮鼓晨鐘

五　早限未經安穩地　成家創業在中年

〦　三十丶乙　天旱望甘霖　常雷而不雨

〧　〧十丶二　亥梅天氣　下雨下晴

八

九　〦十ス日　行到路窮橋已通　不堪回首望青山

九百七

十 一 二 三 の 五 六 七 八 九

十の三 山色有情留客賞 湖光無意惹遊人

平九辛十 一陽今已復 終日暖覆開

卅八七 望月中天 照曜山川

梅花帳裏螢光讀 功名未遂受艱辛

廿卅九 勿嫌夜雨來濡 行看晝光晴度

癸亥之年 生子今救

廿又丹 朱雀南方居大精 有人騎馬送公庭

九百八十

其人之數　四月有阻

一	卅四九	龍光之耀	一歲有三迍
二	卅四三	大房公吏應傷人	門工追呼官事臨
三		早歲讀書名未成	中年淡薄費精神
四	四十二	冤辱不驚	得個安閑之福
五	七十二	數當絕處	丁事急成空
六	卅二	毋數當絕	苦戶寂寞
七	四十八	殘花今得茂	萬紫千紅處處新
八			
九		拮据辛勤苦	奔波未得寧

九百九十

十　一　二　三　の　五　六　七　八　九

卅二　天边桂樹淩云漢　花落花開只滿庭

卅八　日月掛于眉頭　光明立于眼下

人言緩急皆無益　独汝臨終有女悲

廿四　二龍争一珠　一得有一失

福德相扶　千倉萬廩

其年延過　还有十年豐熟

少年勤苦讀　中歲耕耘又受辛

廿九　天天貴人喜氣多　須知柔謁事皆和